U0049835

拉岡

Lacan

王國芳・郭本禹／著

編輯委員：李英明　孟樊　王寧
龍協濤　楊大春

出版緣起

二十世紀尤其是戰後，是西方思想界豐富多變的時期，標誌人類文明的進化發展，其對於我們應該具有相當程度的啓蒙作用；抓住當代西方思想的演變脈絡以及核心內容，應該是昂揚我們當代意識的重要工作。孟樊兄和浙江杭州大學楊大春副教授基於這樣的一種體認，決定企劃一套《當代大師系列》。

從八〇年代以來，台灣知識界相當努力地引介「近代」和「現代」的思想家，對於知識份子和一般民眾起了相當程度的啓蒙作用。

這套《當代大師系列》的企劃以及落實

出版，承繼了先前知識界的努力基礎，希望
能藉這一系列的入門性介紹書，再掀起知識
啓蒙的熱潮。

　　孟樊兄與楊大春副教授在一股知識熱忱
的驅動下，花了不少時間，熱忱謹愼地挑選
當代思想家，排列了出版的先後順序，並且
很快獲得揚智文化事業公司葉忠賢先生的支
持；因而能夠順利出版此系列叢書。

　　本系列叢書的作者網羅有兩岸學者專家
以及海內外華人，爲華人學界的合作樹立了
典範。

　　此一系列書的企劃編輯原則如下：

　1.每書字數大約在七、八萬字左右，對
　　每位思想家的思想進行有系統、分章
　　節的評介。字數的限定主要是因爲這
　　套書是介紹性質的書，而且爲了讓讀
　　者能方便攜帶閱讀，提昇我們社會的
　　閱讀氣氛水準。

　2.這套書名爲《當代大師系列》，其中

所謂「大師」是指開創一代學派或具
有承先啓後歷史意涵的思想家，以及
思想理論具有相當獨特性且自成一格
者。對於這些思想家的理論思想介
紹，除了要符合其內在邏輯機制之
外，更要透過我們的文字語言，化解
語言和思考模式的隔閡，爲我們的意
識結構注入新的因素。

3. 這套書之所以限定在「當代」重要的
思想家，主要是從八〇年代以來，台
灣知識界已對近現代的思想家，如韋
伯、尼采和馬克思等先後都有專書討
論。而在限定「當代」範疇的同時，
我們基本上是先挑台灣未做過的或做
的不是很完整的思想家，做爲我們優
先撰稿出版的對象。

另外，本系列書的企劃編輯群，除了包
括上述的孟樊先生、楊大春副教授外，尚包
括筆者本人、王寧博士和龍協濤教授等五位

先生。其中孟樊先生向來對文化學術有相當熱忱的關懷，並且具有非常豐富的文化出版經驗以及學術功力，著有《台灣文學輕批評》（揚智文化公司出版）、《當代台灣新詩理論》（揚智文化公司出版）、《大法官會議研究》等著作；楊大春副教授是浙江杭州大學哲學博士，目前任教於杭大，專長西方當代哲學，著有《解構理論》（揚智文化公司出版）、《德希達》（生智文化事業出版）、《後結構主義》（揚智文化公司出版）等書；筆者本人目前任教於政大東亞所，著有《馬克思社會衝突論》、《晚期馬克思主義》（揚智文化公司出版）、《中國大陸學》（揚智文化公司出版）、《中共研究方法論》（揚智文化公司出版）等書；王寧博士現任北京大學英語系教授、「中國比較文學學會後現代研究中心」主任、「國際比較文學協會出版委員會」委員、「中美比較文化研究會」副會長、北京大學學報編委；龍協濤教授現任北大學報編審及主任，

並任北大中文系教授，專長比較文學及接受
美學理論。

　　這套書的問世最重要的還是因為獲得生
智文化事業公司董事長黃亦修先生的支持，
我們非常感謝他對思想啟蒙工作所作出的貢
獻。還望社會各界惠予批評指正。

　　　　　　　　李英明　序於台北

前言

　　拉岡一直是我關注的卻又遲遲沒有眞正
著手研究的一位當代精神分析學大師。10年
前，當楊大春博士和我還在南京大學哲學系
攻讀碩士學位時，我曾到南京師範大學選修
劉恩久敎授開設的「西方心理學的新發展」
課程，劉先生在講課中對拉岡推崇備至，並
鼓勵我去進一步研究拉岡。於是，我便在聽
課筆記上寫下拉岡的名字，而且在其名下標
上著重號，準備作爲今後研究的課題。1990年
我有幸成爲我國著名心理學史專家、南師大
高覺敷敎授的博士生，當時本欲以拉岡作爲
畢業論文選題，但終因研究資料的不足和語
言（法語）上的障礙，只好作罷。儘管如此，

我卻時常未敢忘懷拉岡，一直注意收集有關拉岡的資料。

與國際上早已形成的「拉岡研究熱」相反，國內對拉岡的研究較少（台海兩岸皆然）。在心理學界，僅在《心理學簡史》(1984)中，有劉恩久先生所寫的不足2千字的拉岡（康）介紹。在哲學界，僅在評介結構主義思潮時有零星的介紹。在《現代西方著名哲學家述評續編》(1983)中，李幼蒸先生撰寫的約7千字的拉岡（康）評傳，算是比較全面的評介。翻譯的著作，僅在蘇聯學者波波娃著的《法國的後佛洛伊德主義》(1988)和美國學者庫茲韋爾著的《結構主義的時代》(1988)中，各有一章關於拉岡（康）的內容。在文藝界，也只是在近一兩年才有個別關於拉岡的文章發表。當然，應該指出的是，我國旅法學者杜聲鋒先生所著的《拉康（岡）結構主義精神分析學》(1988年由台灣遠流出版公司與香港三聯書店聯合出版)和梁濃剛先生在香港《信報》

（1987.12-1988.2）上連載關於拉康（岡）的文章，我當時都沒能讀到。就這樣，我想研究拉岡的計劃一直擱置了近10年，這是我深感遺憾的一件事情。

直到去年3月大春兄來信告知，他與台灣的朋友孟樊先生策劃了一套《當代大師》叢書，其中有一本《拉岡》，約我來寫，再次喚起了我研究拉岡的欲望。但在最後決定是否與出版社簽約時，我卻又猶豫起來。原因有二：一是資料仍嫌不足，二是我當時手邊上的研究任務太重。於是，我便邀請王國芳小姐與我合作撰寫。她先後從南京、上海、北京等地查尋到多本拉岡的英文原著和研究拉岡的英文著作。首先我們共同研讀拉岡的原著。同時我又側重閱讀與拉岡有關的哲學著作，王國芳則側重閱讀有關拉岡的研究著作。然後我們共同討論寫作提綱。在我指導下，王國芳完成主要的初稿寫作任務；我負責對書稿進行三次較大幅度的修改。前後經過了10個月的艱苦工作，現在終於完成了這

本《拉岡》小書。這總算是了卻了縈繞我心緒10年的夙願。

拉岡的確不愧爲一代思想大師，他的思想影響了法國諸多領域的幾代學者。他與20世紀法國幾乎所有的學術思潮以及衆多的學科都發生過直接的聯繫和影響。前者如超現實主義、黑格爾主義、結構主義、後結構主義、詮釋學、後現代主義、女性主義等，後者如精神病學、精神分析學、心理學、哲學、語言學、人類學、倫理學、文學、藝術、宗教乃至數學和拓撲學等。所以，我們似乎很難稱呼拉岡是一位什麼樣的思想家，也很難把拉岡的理論歸屬爲什麼樣的學派。

但就拉岡一生追求的目標而言，他的畢生精力都在重新解讀佛洛伊德的本文（text），他的終生都在爲他提出的「回歸佛洛伊德」的口號而努力奮鬥。從這個意義上說，我們稱他爲一位精神分析學家應該是恰當的。同時，就拉岡的思想淵源和理論影響來說，拉岡受結構主義方法論影響最大，

也是對結構主義思潮貢獻最大。所以,我們
還是同意波波娃、庫茲韋爾和杜聲鋒等學者
的意見,把拉岡的理論稱爲結構主義精神分
析學。當然,這並不排除在他的理論中也包
含著後結構主義、後現代主義和詮釋學的話
語。

的確,我們對拉岡的理解絕非是一個特
定的時期、學科或範圍內的事情,而拉岡對
20世紀的學術界和思想界的影響和貢獻也不
是這本小書能涵蓋得了的。

拉岡的性格之怪異、語言之晦澀,這是
眾所周知的。這也給我們理解拉岡,讀懂他
的著作帶來了極大的困難。就像拉岡的主體
理論認爲一個人永遠無法認識其眞正的主體
一樣,我們閱讀拉岡的著作也似乎永遠無法
把握其理論的眞諦。幾位研究拉岡的美國學
者都有這種共同的體驗。施奈德曼在〈雅
克・拉岡:一位思想勇士之死〉中說:「拉
岡活了波瀾壯觀的80年,做出了一番業績,這
就是他講了一套差不多是沒有人能夠明瞭的

東西。」穆勒和理查森在〈拉岡與語言《文集》讀者指南〉中說：「對於一個正常的英語讀者來說，拉岡的文章基本上是一個謎。」蓋洛普在《閱讀拉岡》中說：「經過了多年的研究，我現在認爲，要充分理解拉岡的文章是不可能的；要掌握其全部的要義也是不可能的。」最後，正如美國第一個翻譯拉岡著作的威爾頓指出：我們閱讀拉岡著作的過程是一個「永遠掙扎的過程」。

拉岡本人也說過，人們要清楚明白他所寫的東西，需要10年時間。而我們完成這本書卻只有10個月的時間。在這10個月中，我們所飽嚐的酸甜苦辣是很難用語言表達的。我們的體會是，要戰勝拉岡，首先要戰勝自己。

現在這本小書終於完成了，我們雖然盡了極大的努力，但絕不敢說它是盡善盡美的。特別是我們主要根據英語文獻進行研究，書中肯定有許多理解上不準確乃至錯誤之處，我們懇請讀者不吝指出。但我想，那怕該書僅達到對拉岡研究的「鏡像階段」，

我們也就知足了，因為這本小書畢竟是兩岸三地首次對拉岡的初步系統研究。

實際上，任何一項研究都不可能是一步登天的，更何況是對拉岡這樣一位晦澀難懂的思想家之研究。我們期盼著拉岡研究班的講演早日出全，以便於我們今後繼續進一步深入研究拉岡。我們將把這本小書看成是研究拉岡的起點而不是終點，我們在書中寫的「總結」也不是對拉岡研究的終結。

在這本小書的寫作中，我們得到了許多老師和朋友的幫助和支持。首先承蒙我的老同學大春兄的約請，如果沒有他的約請，就沒有這本小書的完成。葉浩生博士不遠萬里從美國為我們帶回了拉岡的英文版《文集》，該書對我們的寫作幫助很大。我校博士生導師楊鑫輝教授在本書寫作之初就提出了許多很好的建議。郭永玉博士作為第一位讀者通讀了全書，提出了許多寶貴的修改意見。張行濤碩士也為本書的最後完成付出了許多辛勤的勞力。對以上各位師友的無私幫

助，我們表示最真誠和衷心的感謝！同時也
對所引用的國內外研究文獻的作者表示真摯
的謝意！

郭本禹

於南京一枝園

.

目　錄

　　雅克‧拉岡（Jacques-Marie-Emile
Lacan, 1901-1981）是20世紀法國最具影響
力的思想大師之一。他集精神分析學家和哲
學家於一身，不僅在精神分析學界而且在整
個西方學術界，都是一位傳奇式的人物。他
將畢生精力奉獻給精神分析學，試圖藉助於
語言學、人類學、哲學和數學等學科的知識
和技術，重新解讀佛洛伊德（S. Freud）的
「本文」（text），賦予其科學的地位，從而
創立了結構主義精神分析學。他從1953年開
始的長達26年的研究班講演，造就了一大批
年輕的法國精神分析學者，也將精神分析學
傳播給了法國大眾，影響了其他眾多學科中
的許多著名學者。他的主要著作《文集》
（*Écrits*）一經出版便暢銷起來，成為學術
界的一大奇蹟。目前各國的精神分析學家、
心理學家、哲學家，乃至文學藝術家都在密
切關注著他的26個講演的出版。拉岡的影響
也早已超越了精神分析和心理學的範圍，他
在整個西方學術界和理論界都占有一席之

位，並被奉為結構主義、後結構主義、詮釋
學乃至後現代主義的大師。他曾於1964年自
組「巴黎佛洛伊德學派」，卻在耄耋之年親
自將其解散（又稱「拉岡事件」）。拉岡的
性格及其學術思想既偉大卻又像謎語一樣令
人費解。為了了解這位大師對現代精神分析
學乃至現代西方思潮的貢獻，我們不得不做
一個熱情的解謎者。

拉岡一生極富傳奇和神秘色彩，在他長達80年的生命歷程中，學術研究就占去了半個多世紀。他一方面打出了「回歸佛洛伊德」的旗幟；另一方面又反對權威的國際精神分析學會，遭到「破門」的懲戒。他晚年製造的「拉岡事件」，給80年代初本已晦氣重重的法國學術界又抹上一層陰靄。拉岡的傳奇性與神秘性由此可見一般。

一、求學生涯──學生與精神病學家

1901年4月13日拉岡生於巴黎一個中產階級家庭，這一年正是佛洛伊德的成名作《夢的解析》出版的第二年和《日常生活中的心理病理學》發表的當年。他是阿爾弗雷德・拉岡（Alfred Lacan）和愛米莉・鮑瑞・拉岡（Emilie Baudry Lacan）的長子。其後還有一弟一妹。童年時其父將其送至一所

很有名氣的耶穌教會學校——斯坦立斯拉斯
中學接受教育。在這裡，他與其他普通學校
中的學生一樣，接受了各種知識的訓練。除
了醫學之外，他還系統學習了傳統的學科諸
如希臘文、拉丁文、德文、修辭學、哲學、
數學與文學等。拉岡的家族具有濃厚且堅定
的天主教傳統，加之本世紀初，法國的政權
與教權尚未分開，因此童年的拉岡也信奉天
主教，但他並未參加天主教的實踐活動，而
是將興趣轉向了醫學。這一對家庭傳統的背
叛使其母親很傷心，而其父親卻滿心歡喜。

　　中學畢業後，拉岡進入法國最負盛名的
高等學府之一巴黎高等師範學院學習哲學。
巴黎高師創立於法國大革命時期，因其畢業
生不論是從教還是從政，社會地位都很高，
因此高師在人們心目中的地位絕不亞於古老
的巴黎大學。她是思想家的搖籃，柏格森
（H. Bergson）、沙特（J.-P. Sartre）、梅
洛—龐蒂（Merleau-Ponty）、李維斯陀（C.
Levi-Strauss）、阿宏（R. Aron）、康吉蘭

　(G. Canguilhem)，以及後來的學術「怪
傑」傅柯（M. Foucault）等人均畢業於這
所學院，這些人後來都成爲法國知識界的一
代巨擘。除了在巴黎高師的正規學習之外，
拉岡還到巴黎大學醫學系學習精神醫學，並
多次到巴黎或巴黎附近的聖—露易醫院、拉
萊克醫院、突索醫院實習。由此，拉岡在原
有的醫學知識的基礎上開始向研究精神病理
學和精神分析學方面發展。後來法國的精神
分析學具有濃厚的哲學韻味，可能與其主要
代表人物拉岡的這種哲學知識背景不無關
聯。

　　1927年拉岡成爲阿茲爾醫院的住宿長期
實習生，開始了他的臨床訓練，同時還在巴
黎的幾個著名的精神病醫院實習。他在這些
醫院中的工作均獲得好評。1932年拉岡在實
習與研究的基礎上，完成了博士論文〈論偏
執狂病態心理及其與人格的關係〉，9月拉岡
順利通過了博士論文答辯，並得到委員會絕
大多數專家的好評。唯一美中不足的是，由

於答辯委員會內部少數成員的意見分歧，致
使拉岡未能通過「法國大學教師資格考
試」。拉岡在論文答辯結束後，便按捺不住
激動的心情，親自將其博士論文給佛洛伊德
寄去一份。但數天之後，佛洛伊德僅給拉岡
寄回了一張平淡的明信片，這是兩位精神分
析學大師一生中的唯一的一次正式交往。

　　拉岡的博士論文中一篇專題論文
──〈愛米亞病例〉，對這個病例的特徵，超
現實主義者和精神病理學家都表現出了特殊
的興趣。例如 1935 年讓內 (P. Janet) 在
《醫學──心理學年鑒》上發表文章評述了
對這一病例的研究情況，認為這個病例涉及
到「社會的人格紊亂」問題。拉岡認為「愛
米亞 (L. Aimee) 病例」是偏執狂這一特
殊形式的精神分裂症的一種主要病例，其主
要表現形式是「自我懲罰 (self-
punishment)」或「超我 (super-ego) 的
病態心理」。拉岡在其博士論文中所使用的
方法，是具體而完整的現象學方法，這個方

法與他對精神病概念的理解密切相聯。他認
爲精神病就是主體（subject）在其「變化
和結構」中發生的「人格病變」，精神病產
生於「生命環境」和「生命衝突」，這些又
與社會環境尤其是家庭有關係。由此可見，
拉岡除了從內部研究精神病的機制與結構之
外，也未忽略精神病所產生的外部條件。這
與50年代之後成爲結構主義者的拉岡不同，
這時他不僅僅是從「潛意識作爲語言結構」
或修辭學結構方面去比附和探究精神病的病
因，而且仍然注重社會環境。拉岡的博士論
文在其思想發展中起了承前啓後的作用，他
研究了許多患妄想症的病人，開始對他們的
語言的紊亂發生興趣。他的研究使他確信，
病理現象的產生不會完全脫離主體的人格。
因此，他的博士論文的完成以及他在1926
──1932年這段期間的學術活動，已標誌著
他的興趣逐漸由醫學和精神病理學轉向精神
分析學。

二、理論探索──教師與精 神分析學家

　　1934年拉岡加入「巴黎精神分析協 會」。就在這一年，33歲的拉岡與一位主治醫 師的女兒瑪麗─露易・布隆婷（Marie-Louis Blondin）結婚，這是他的第一次婚姻。1936 年對拉岡來說是相當不平凡的一年。這年他 獲得了巴黎精神病院的醫師職稱。同年在捷 克的馬里蘭巴（Marienbad）舉行的第14屆 國際精神分析學大會上，拉岡提交了論〈鏡 像階段〉（*The Mirror Stage*）的論文。雖 然他的論文在宣讀不到10分鐘時，便莫名其 妙地被大會主席瓊斯（B. Jones）打斷了。 但他關於主體形成的初級階段──「鏡像階 段」的概念，卻成為他後來所有理論的奠基 石與出發點。會後，拉岡在《精神病理學的 進化》雜誌為紀念佛洛伊德從事精神分析運

動50週年所出版的「佛洛伊德研究」專輯
上，發表了〈超越現實性原則〉一文，重新
提出了他的鏡像階段理論。關於「鏡像階
段」的論文是拉岡精神分析學理論形成的第
一個重要里程碑。因此，「鏡像階段」不僅
是兒童主體或自我形成的初始階段，也是拉
岡理論形成的初始階段。由於二次世界大戰
的爆發，從1939-1945年這段時間，拉岡先在
軍隊醫院服役，後隱居法國南部的小城尼斯
（Nice）附近，過著與世隔絕的沉寂生活，
其間他還開始學習日語和中文。二次大戰之
後，法國學術界一片沸騰，新人、新事、新
的學術思潮如雨後春筍般蓬勃湧現。1946年
法國的巴黎精神分析協會恢復其正常活動，
盧巴（J. Leuba）任主席，納奇（S. Nacht）
、拉岡和拉加舍（D. Lagache）成了協會的
三名主力幹將。

從1945年開始，尤其是50年代以後，拉岡
便以精神分析學家的身分聞名於世。1953年
是拉岡的生活和思想的又一轉折時期。在生

活上，他與在尼斯結識的著名演員、名作家
巴達依 (G. Bataille) 的前妻西尼維亞 (Syl-
via) 結婚，這是他一生中的第二次婚姻。同
年6月份，儘管他被迫辭去巴黎精神分析協會
主席的職務，卻當選爲新成立的「法國精神
分析學會」的財務員，並於7月份在新「學
會」召開的第一次學術討論會上作了題爲
〈象徵、想像與實在〉的重要報告，首次提
出了「要回到佛洛伊德去」①。以上還僅是
他事業發達的序曲。

　　同年9月，在羅馬舉行的第17屆國際精神
分析學大會上，拉岡所作的題爲〈言語與語
言在精神分析學中的作用與範圍〉②的大會
報告（通常稱爲「羅馬講演」或「羅馬報
告」）異常成功，引起與會人員的熱烈反
響，使拉岡獲得巨大的國際聲譽。「羅馬講
演」是拉岡思想形成的第二個里程碑，它標
誌著拉岡開始放棄對黑格爾追隨，而把索緒
爾 (F. de Saussure) 的結構主義語言學和
佛洛伊德的精神分析學結合起來，構建他自

己的結構主義精神分析學體系。拉岡的「羅
馬講演」打破了傳統精神分析學的清規戒
律，提出了它自己的精神分析學的初步設
想。他把精神分析界定爲一種言語的實踐和
說話的主體之理論。正如美國的拉岡研究專
家薩若普（M. Sarup）指出：「正是在創
作於1953年的這一本文中拉岡開始像拉岡一
樣地談話了。」（*Sarup p.*84）。由此，拉岡
開拓了一個嶄新的研究領域，進入他思想歷
程的第二階段。

此外，1953年的另一重要事件是52歲的
拉岡開始了直到他逝世爲止、長達26年之久
的研究班講演（seminar）（每週或兩週一
次），能這樣幾十年如一日地開展講演，也
是拉岡創造的一大奇蹟。這些講演的最初目
的是訓練精神分析學家如何返回並眞正閱讀
佛洛伊德的原始本文；其次是傳播和發展精
神分析學的理論。研究班講演使他將法國思
想界衆多名流以及一大批優秀的青年精神分
析學家聚集在他的周圍③。

　　1953年之後的10年，是拉岡理論的真正
建設時期。他提出了「回歸佛洛伊德」的口
號，試圖透過重新解讀佛洛伊德，並藉助於
對精神分析學與哲學、文學、語言學、人類
學、控制論、拓撲學的綜合研究，重建整個
精神分析學的基本概念，即拉岡自己的精神
分析學理論。在這段時間，語言學在其思想
中占支配地位。他用能指理論這種闡釋方式
重新解釋精神分析學的概念，並指出「潛意
識具有類似語言的結構」和「語言是他者的
話語」等新命題。到了60年代，他便自覺地投
入到結構主義思潮的滾滾洪流中去，使其理
論中早已蘊含的結構主義觀點得到了充分展
現。

　　50年代之後，特別是60至70年代，拉岡除
了開診所之外，主要的精力用於精神分析學
的研究和研究班的講演。拉岡的研究班就像
牧師的佈道場，吸引了眾多信徒和崇拜者，
甚至有不少歐洲其他國家和拉丁美洲國家學
習精神分析的學生，專程趕到巴黎聆聽拉岡

的講演。人們爲了參加這個班，經常要排隊
等候幾個小時。美國學者施奈德曼(S. Schnei-
derman) 有一段精采的描寫：「在拉岡的
每次演講中，會場內開動的錄音機的數量，
比出席李維斯陀、傅柯或巴爾特 (R.
Barthes) 的講演會的聽衆人數還要多。每
次聽拉岡講演的聽衆大約有800人，擠在一個
只能容納650人的會場內。拉岡的講演是充滿
舞台風範的，舉手投足之間從容自若，而且
直接面向觀衆，令每個人都產生他好像是與
你單獨談話一樣的感覺。他的講演內容，經
常是抽象和隱晦的，但是，聆聽大師的親口
講演，又會令人產生一種有幸參與了一項重
要的、具有刺激性的文化事件的感覺。」

(*Schneiderman,* 1983, *pp.*29-30) 。另有論
者說，拉岡講演的宏偉場面唯有本世紀德國
另一大哲學家柏格森的講演可與之相比。拉
岡在將其有關主體、語言、欲望等理論傳播
給大衆的同時，他的聲望也日益高漲。

　　但是拉岡的研究班講演也是歷經波折
的，講演的最初根據地是聖—安娜醫院，但是
因為他與法國精神分析學會的矛盾激化，不
得不離開此地。不久，在李維斯陀和阿杜塞
（L. Althusser）等人的支持下，拉岡被授
以「高等實驗學院」的特級講師職位（因為
教授職位暫沒有空缺）。1964年1月拉岡將其
研究班講演轉移到了位於烏爾謨街的著名的
巴黎高等師範學院。從此，他的研究班講演
由精神病院轉入大學，其講演的內容以及研
究班的聽眾均發生了很大的變化，拉岡也不
再僅僅是精神分析學家，而是集教師與學者
於一身。他的聽眾除了精神病學家之外，更
多的是人類學家、哲學家、語言學家、數學
家和文學評論家。他在高師的第一個講演是
〈精神分析學的四個基本概念〉。這篇講演
對佛洛伊德的潛意識、本能、移情和強迫性
重複四個基本概念進行了結構主義語言學的
分析和批評性解讀。此外，他不僅用結構主
義語言學的術語和方法，而且開始專注於用

邏輯和數學來說明精神分析的形式。因受
1968年巴黎「五月風暴」學生運動的衝擊，
次年，拉岡憤怒卻又無奈地離開高師的講
壇，後來藉由李維斯陀的幫助才在巴黎第二
大學法學院找到了一個大教室，又孜孜不倦
地進行他的研究班講演了。與拉岡的研究班
受學潮之累而無處安身，以及他把五月學生
運動視為「叛亂」相反，他的女兒米勒
（Judith Miller）在學潮中卻是一位風雲人
物。她任職於萬塞納（Vincennes）大學由
傅柯「組閣」的哲學系，是激進的左派教師
中的一員，積極擁護「大學教學和考試無用
論」（她曾聲稱，她是在公共汽車上給學生
打分數的），熱烈支持砸爛、毀壞大學這種
國家機器。1970年3月，米勒被法國新任教育
部長吉沙爾德下令解除大學教師職務。

　　整個60年代，巴黎知識界可謂風雲變
幻，結構主義思潮取代存在主義的統治地
位，宣告登上巴黎學術界的舞台。李維斯陀、
巴爾特、拉岡以及60年代後期的結構主義代

表人物傅柯被稱爲「結構主義冒險四巨
頭」，阿杜塞、德希達（J. derrida）、德勒
茲（G. Deleuze）等人也成爲衆所矚目的人
物。這些時代的弄潮兒對於自己被貼上「結
構主義者」的標籤反應不一，阿杜塞一直不
予認可。傅柯最初對此持搖擺態度，最終還
是堅決否認；1970年，他在《詞與物》的英
譯本前言中明確地寫道：「在法國，有一些
呆頭呆腦的『評論者』硬要給我貼上『結構
主義者』的標籤。我無法讓這些冥頑不靈的
腦袋明白，我根本沒有使用結構分析特有的
方法、概念和重要術語。」（劉北成，1995，
p.151）。拉岡卻從不否認自己是「結構主義
者」，他是以結構主義精神分析學家而著稱
於世的。憑藉結構主義思潮這股強勁的東
風，拉岡及其精神分析學成爲大衆及新聞媒
體關注的焦點。其直接效應即1966年拉岡
《文集》的出版，達到了6週之內銷售3萬冊
的驚人記錄。正如英國的拉岡研究專家鮑維
葉（M. Bowie）指出：「在購買《文集》

的時候，你買下的既是一件文化界的大事，同時也是一種身分的標誌。」（*Sturrock*, 1979, p.149）。如今，《文集》已被譯成十幾種文字出版。《文集》是一本晦澀、深奧的學術著作，儘管拉岡的精神分析學的主旨是要說明潛意識與語言的關係，但他卻用晦澀的語言來闡明深奧的理論，他甚至經常玩文字遊戲，以驗證語言的潛意識。拉岡在《文集》的一開始就對自己的寫作風格作了說明：「文如其人」。的確，拉岡的寫作風格與其人格特點是極其相吻合的。《文集》900多頁，收集了拉岡1936—1966年發表在各種刊物上的28篇論文。這些論文題目如下：

(1)〈超越現實性原則〉（1936）；(2)〈邏輯的時間與預期確定性的診斷〉（1945）；(3)〈精神分析學的攻擊性概念〉（1948）；(4)〈鏡像階段作為精神分析經驗揭示出的我（Ⅰ）的功能之形成〉（1949）；(5)〈精神分析學在犯罪學中的作用的理論導引〉（1950）；(6)〈論心理因果

性〉 (1946) ；(7)〈論移情〉 (1952) ；(8)
〈言語和語言在精神分析學中的作用與範
圍〉 (1953) ；(9)〈對讓・依波利特評論佛
洛伊德的否定概念所作的導引與回答〉
（1954） ；(10)〈治療類型的變化〉
(1955) ；(11)〈關於「被盜的信」的討論〉
(1955) ；(12)〈佛洛伊德所說的事物，或在
精神分析學中回到佛洛伊德去的含義〉
(1955—1956) ；(13)〈精神分析學的處境和
對精神分析學者的培養〉 (1956) ；(14)〈精
神分析學及其教學〉 (1957) ；(15)〈潛意識
中對文字的要求或自佛洛伊德以來的合理性
概念〉 (1957) ；(16)〈從一個初始問題到對
病理心理可能作出的一切處理〉 (1955
—1958) ；(17)〈青年紀德（Gide）或文字與
欲望〉 (1958) ；(18)〈陽具的意義〉 (1958)
；(19)〈治療方向及治療能力原則〉
(1958) ；(20)〈評論丹尼埃爾・拉加舍的報
告「精神分析學與人格的結構」〉 (1958
—1960) ；(21)〈紀念恩耐斯特・瓊斯：論他

的象徵主義〉 （1959）；⑵〈爲女性性關係
討論大會所作的指導性發言〉 （1960）；⑵
〈佛洛伊德潛意識論中主體的顚覆和欲望的
辯證〉 （1960）；⑵〈潛意識的性質〉
（1960）；⑵〈論佛洛伊德的「本能衝動」
理論及精神分析者的欲望〉 （1964）；⑵
〈科學與眞理〉 （1965）；⑵〈康德與沙特
合論〉 （1962—1963）；⑵〈本文選的開場
白〉。

　　1966年《文集》出版以後，拉岡的女婿
雅克—阿蘭・米勒 （Jacques-Alain Miller）
開始醞釀出版他的系列講演。到本世紀80年
代中期，講演的法文版已出版了8個，英文版
出版了6個。在此後的10多年中，拉岡的講演
從未中斷，同時，他的社會活動也日益頻繁。
1969年拉岡的弟子、比利時學者萊麥爾 （A.
Lemaire） 出版第一部系統介紹和研究拉岡
思想的著作《雅克・拉岡》，拉岡爲該書作
序。該書1977年發行英文版。同時，《文集》
的日文版、英文版和法文版也相繼問世，拉

岡分別爲之作序。他的〈論無線電傳聲技術〉和〈論電視〉④兩部文稿分別於1970年和1974年在比利時和法國電視台播出。1974年拉岡被邀請到比利時的魯汶大學、義大利的羅馬大學講課。1975年秋他還被邀請到美國各個著名的大學講學，如耶魯大學、哥倫比亞大學、麻省理工學院等。拉岡此時的影響絕不亞於當年的佛洛伊德。而且，拉岡此次美國之行收穫頗豐，不僅以自己玄奧的理論引起美國學者的興趣，而且給予美國學者尤其是自我心理學家們以「智力上的侮辱」，彌補了佛洛伊德當年的遺憾。據說，佛洛伊德曾爲美國人過分輕易地接受並修正了他的理論而倍感惋惜。

　　拉岡的26個講演分別如下：

　　(1)〈關於佛洛伊德的技術性的著作〉(1953—1954)；(2)〈佛洛伊德理論與精神分析學技術中的自我概念〉(1954—1955)；(3)〈病態心理〉(1955—1956)；(4)〈對象的關係與佛洛伊德所說

的結構〉（1956—1957）；*(5)〈潛意識的構成〉（1957—1958）；(6)〈欲望及其對它的解釋〉（1958—1959）；(7)〈精神分析學的倫理學〉（1959—1960）；(8)〈主體性不協調中的心理移情〉（1960—1961）；(9)〈認同〉（1961—1962）；(10)〈憂鬱症〉（1962—1963）；*(11)〈精神分析學的四個基本概念〉（1964）；(12)〈精神分析學的關鍵問題〉（1964—1965）；(13)〈精神分析學的對象〉（1965—1966）；(14)〈幻想的邏輯〉（1966—1967）；(15)〈精神分析學的活動〉（1967—1968）；(16)〈從一個他人到他人〉（1968—1969）；(17)〈精神分析學的反面〉（1969—1970）；(18)〈論一個非同於其他的話語〉（1970—1971）；(19)〈…或者更糟糕…〉（1971—1972）；(20)〈繼續著〉（1972—1973）；(21)〈非一受騙者出了錯誤〉（1973—1974）；*(22)〈實在、象徵、想像〉（1974—1975）；(23)〈症狀〉（1975—1976）；(24)〈人們由於誤差知道這是愛情

實際上是不知道〉（1976—1977）；⒅〈總
結的時候〉（1977—1978）；⒃〈拓撲學與
時間〉（1978—1979）（上面加注＊號的表
明已出版了英譯本）。

　　除了上述26個講演之外，拉岡還穿插進
行了一些臨時性的講演，如：〈關於「被盜
的信」的討論〉（已由邁奧曼〔J. Mehl-
man〕譯為英文）（1956）、〈關於父親的
名字的研究班〉（1963）和〈Caracas研究
班〉（Caracas為地名）（1980）等。

三、組織建設——領袖與獨
　　裁者

　　要全面了解拉岡就不得不敘述一下拉岡
與法國和國際精神分析學界眾多權威組織的
關係。拉岡的一生曾數度沉浮，但他追求眞
理的決心卻從未動搖。他的地位的沉浮與
「國際精神分析學會」和「法國精神分析學

會」有著極其微妙的聯繫。他曾是衆所仰慕
的領袖，但也曾長期遭冷落，甚至被驅逐，
而法國精神分析學會的幾次分裂都與拉岡有
著直接或間接的關係。我們不妨在此簡述一
下這段歷史，從中或許可以窺視拉岡性格的
獨處之處以及他對眞理的執著精神。

在法國，精神分析學遲遲不被承認，直
到1926年才建立了巴黎精神分析協會，而
「精神病理學的進化協會」卻在1925年先於
它而成立。當時拉岡以一個精神病理學家的
身分參與兩個學會的活動。1934年拉岡加入
巴黎精神分析協會，1936年當選爲精神病理
學的進化協會的副主席，但他與該協會的重
要成員、精神分析學的反對者艾依（H.
Ey）觀點相左，日後二者的衝突明顯加劇。
巴黎精神分析協會是一個鬆散的組織，其成
員背景複雜，既有普通醫生、精神科醫生，
也有神經病學家和精神分析學家。到1939年
其成員已達40多人，拉岡、拉加舍、多爾托
（F. Dolto）是其中具有職務的24名成員之

一。由於二次世界大戰的爆發，組織脆弱的
巴黎精神分析協會受到致命的衝擊，其成員
四散逃離，該組織處於癱瘓狀態。直到1946年
「協會」才恢復正常活動，盧巴爲戰後的第
一任主席，納奇、拉岡、拉加舍爲「協會」
的重建作出了巨大的貢獻。

　　隨著拉岡學術地位的提高，他在「協
會」內部也開始擔任越來越重要的職務。
1948年，隸屬於「協會」的精神分析學院成
立了一個「教學委員會」，拉岡是常委之
一，後來又被選爲學院的主任。1952年在「協
會」改選時拉岡當選爲主席。但由於拉岡樹
敵太多，在國際上由於「鏡像階段」論的提
出以及對「自我」（ego）的獨特解釋，使
他與美國的自我心理學家的觀點相左；而在
法國精神分析學界內部，由於對某些激烈爭
論的問題存有異議，拉岡也處處受排擠。例
如：在精神分析的會談時間問題上，他打破
了傳統的50分鐘時間規定，改爲5—10分鐘的
彈性時間；他主張非醫學專業出身的人經過

訓練也可以成爲精神分析學家；此外，在諸
如學院的課程安排和培養方向問題上，以及
對於精神分析學的地位的理解上，拉岡與
「協會」內的納奇派均存在著嚴重分歧。
1953年6月「協會」召開了一次行政會議，通
過了對拉岡投不信任票，拉岡被迫引咎辭去
「協會」主席的職務，從此拉岡與巴黎精神
分析協會長達20年的關係宣告徹底破裂。以
拉加舍、多爾托等爲首的納奇的反對派藉機
分裂，另行成立法國精神分析學會，拉岡隨
後也加入進去，並擔任財務員。這是法國精
神分析學界的第一次大分裂。

　　在法國精神分析學會中的10年，是拉岡
的事業突飛猛進的時期。在國際上，因其
「羅馬演講」以及眾多文章的發表，聲譽卓
著。在國內，他的研究班講演以大膽、新穎，
以及獨特的討論方式，吸引了一大批很有名
望的聽眾，如李維斯陀、伊波利特（J.
Hyppolite）、梅洛—龐蒂等人。在拉岡的周
圍聚集著許多年輕的法國第三代精神分析學

家，「拉岡派」很自然地形成了。但這又是
1964年第二次分裂的前兆。這次分裂的直接
導火線是法國精神分析學會的合法地位問
題。法國精神分析學會成立不久便發現，國
際精神分析學會似乎不打算接納它為會員。
同時，因為拉岡拒不放棄自己的主張，從而
使得國際精神分析學會耿耿於懷，拉岡為此
失去了參加1965年7月在倫敦舉行的第18屆
國際精神分析學大會的機會，這個國際組織
與拉岡的正面交鋒開始展開。問題很明顯，
當時在國際精神分析學界最有發言權的是美
國的自我心理學家，他們自詡為代表正統的
佛洛伊德精神分析學，重點研究意識層面的
自我問題，重視精神分析的臨床應用。拉岡
與此相反，強調回到潛意識的研究，並重視
精神分析中文學和哲學的方面。拉岡的理論
自然被視為異端學說而遭排斥。1963年7月國
際精神分析學會在斯德哥爾摩召開大會，最
終做出決議：法國精神分析學會如果入會，
必須首先把拉岡從精神分析學者的導師名單

中除去。於是法國精神分析學會選擇了前
者。一年之後，法國精神分析學會與巴黎精
神分析協會合併，成立「法國精神分析聯合
會」，並被國際精神分析學會接納爲團體會
員。與此同時，拉岡的追隨者在克拉夫赫爾
（Clavreul）組織下成立「精神分析研究
組」，1964年6月拉岡在其追隨者的支持下，
宣告成立「法國佛洛伊德學派」，後來又改
爲「巴黎佛洛伊德學派」。這是眞正意義上
的「拉岡學派」。「學派」先後創辦了《佛
洛伊德學派通訊》、《潛意識》和《佛洛伊
德研究》等刊物。儘管它不是國際精神分析
學會的團體會員，但由於拉岡的學術威望日
盛，「拉岡學派」逐漸成爲法國精神分析學
的代名詞。

　　相對而言，法國精神分析內部的第三次
分裂並未引起多大風波。這次分裂發生在拉
岡學派內部，茅頭指向拉岡的獨斷專權。拉
岡雖然一直反對國際精神分析學會的權威，
但他本人領導學派的作風卻又似乎與其觀點

背道而馳。拉岡在學派成立之初就宣布：
「正如我以前與精神分析學事業的聯繫一
樣，我獨自宣告成立巴黎佛洛伊德學派！」
拉岡變得越來越像一家之主的父親，具備至
高無上的地位。特別是在1968年的「五月風
暴」之後，他的獨裁專橫更爲變本加厲。例
如「學派」1968年出版的理論刊物Scilicet，
除了拉岡本人的文章外，「學派」其他成員
的文章一律不得署名發表。人們普遍感到，
越是深入掌握拉岡的理論，就越會覺得難以
處理自己與拉岡之間的關係。拉岡的獨裁作
風引起學派內部成員的日益不滿。早在1967
年1月「學派」的全體大會上，「學派」領導
人之一費利葉（F. Ferrier）就針對拉岡的
宣言而提出抗議，認爲學派應是大家一起創
辦的。在得到拉岡的駁斥之後，費利葉便呼
籲創立一個「自立自主的團體」，拉岡學派
的危機已迫在眉睫。

在巴黎佛洛伊德學派成立之初，拉岡獨
自一人做出決定，將學派分爲三個部分：第

一部分是純粹精神分析學，即理論與教學方面，組成人員是接受過精神分析訓練但不是精神分析學家，以及哲學專業出身的人；第二部分是臨床和治療的應用精神分析學，未接受過分析訓練也非分析家的醫生可參加這部分工作；第三部分是開拓佛洛伊德的研究領域，以精神分析學的文學批評進行研究，並研究與精神分析學鄰近或交叉的學科如語言學、人類學與數學等。拉岡對三個部分全權負責，並決定會員的吸收與罷免。拉岡對入會人員的資格要求非常寬鬆，他認為任何對他的精神分析學有興趣的人都可入會。以上種種引起了學派內部其他領導成員（他們都是嚴格的精神分析學家）的不滿。在拉岡不讓步的情況下，他們宣布自動辭職，並於1969年成立了「第四小組」（相對於學派的前3個部分而言），創辦了自己的刊物《局部》。「第四小組」的成立既是拉岡學派內部的一次危機，也是法國精神分析學界的第三次分裂。但是，這次分裂對於日益壯大的

拉岡學派而言實如九牛一毛，是無傷大雅
的。不過從中可以看出，拉岡已逐漸由執著
走向專斷，由權威走向獨尊，其學派內部產
生危機是必然的。美國學者庫茲韋爾（E.
kurzweil）這樣評價拉岡：「拉岡是各種分
裂的（1953、1963、1969年的歷次分裂）主要
原因，他作為一位具有超凡魅力的肆無忌憚
的人和父親而保持著核心地位。」（庫茲韋
爾著，尹大貽譯，1988，p.135）。

　　晚年的拉岡除了頻繁的學術活動之外，
對本學派內部的事物也是事必躬親，努力參
加學派召開的所有大會，並作開幕辭和閉幕
辭講演。但他畢竟年老體衰，當他看到學派
內部意見分歧漸大，拉幫結派之風日盛時，
也已無可奈何。這時他唯一能做的事情，就
是解散他苦心經營近20年的學派，以免看到
被分裂的悲劇。1980年1月5日，年近八旬的拉
岡給其學派成員寫了一封公開信，宣布「巴
黎佛洛伊德學派」解體，同時寄信給巴黎的
《世界報》，以便曉喻公眾。他宣稱：「我

沒有必要有這麼多的追隨者,有的門徒是我
所不需要的」。這是法國精神分析組織的第
四次分裂。拉岡的這一舉動讓人們迷惘、震
驚,又令部分人失望且憤怒。這一「拉岡事
件」成為街談巷議、新聞媒介關注的熱門話
題。年屆80歲高齡的拉岡就像他在60、70年代
那樣,再次成為人們議論的焦點。但僅僅數
月之後,拉岡又向其追隨者寫了〈致千人
信〉,宣布成立「佛洛伊德事業學派」,這
一換湯不換藥的學派成了其後代的「家
傳」,直到現在。

　　1981年9月9日,一代思想大師拉岡在巴
黎辭世,整個學術界都為之哀悼。雖然這顆
思想巨星殞落了,但卻留下了耀眼的光芒。
拉岡的理論遺產引起了各國的哲學家、倫理
學家、精神分析學家、心理學家、人類學家、
文化(文學、藝術、電影、電視、美術)理
論家、社會學家和神學家的再思考。在拉岡
逝世以後,國際上正在形成一股方興未艾的
「拉岡研究熱」,英語中已經有了「拉岡行

業」（Lacan　industry）一說（*Wyscho-grod, et al,* 1989, p.2）。根據那奎斯特（J. Nordquist）所列研究拉岡的文獻目錄統計，到1987年止，以英文出版的有關拉岡的研究著作48部，發表的論文121篇（*Nordquist,* 1987）。類似的文獻目錄還有4個。這正應了英國作家艾略特（T. S. Eliot）的那句話：「終點也就是我們的起點」。

註釋

①與拉岡提出「回到佛洛伊德去」的口號相呼應，阿
　杜塞提出了「回到馬克思主義去」的口號。

②〈言語和語言在精神分析中的作用與範圍〉一文，
　1956年首以法文發表，1968年由美國學者威爾頓
　（A. Wilden）譯爲英文，題爲〈語言在精神分析
　中的作用〉。該譯文連同譯者的詳細註釋和譯者所
　寫的一篇介紹拉岡的論文（三部分的篇幅分別是
　約80頁、70頁、150頁），彙編成《自我的語言》一
　書，由霍布金斯大學出版社出版。1975年又以平裝
　本再版，1981年將原書名改爲《精神分析中的言語
　和語言》又再版。此文的另一個英文譯文則收入謝
　里登（A. Sheridan）翻譯的拉岡《文集：節選
　本》（1977）中。

③50、60年代中，幾乎所有結構主義運動的代表人物
　都參加過拉岡的研究班，如李維斯陀、伊波利特、
　雅克愼（R. Jakobson）、本維尼斯特（E.
　Benveniste）、克莉斯多娃（J. Kristeva）、索萊

爾（P. Sellers）、阿杜塞、德希達（J. Derrida）、
里科（P. Ricoeur）、巴爾特（R. Barthes）、傅
柯、曼蘭諾尼（Mannoi）等人。

④〈論電視〉是拉岡於1974年在法國電視台所作的
關於「精神分析哲學」的講座。同年由巴黎的Seuil
出版社正式出版，1987年在美國麻省理工學院出版
的理論刊物《十月》發行10周年紀念時，出了題為
〈論電視〉的「拉岡專輯」，該專輯除了〈論電
視〉外，還收集了一批書信、會議記錄和講演文稿。

　　拉岡的一生受到現代文化和科學的廣泛影響。從歷時層面上看，拉岡經歷了超現實主義、精神病學、黑格爾主義、結構主義、後結構主義、新詮釋學和後現代主義幾個學術階段；從共時層面上看，他終生以研究精神分析學爲己任，直接或間接地運用其他各科知識，如精神病學、心理學、哲學（包括笛卡爾、史賓諾莎、黑格爾、早期的沙特和海德格、結構主義、後結構主義或解構主義、詮釋學、後現代主義）、語言學、人類學、文學、藝術、宗教，去解讀佛洛伊德的精神分析學本文，構建他自己的精神分析學體系，開闢了許多新的研究領域①。晚年的拉岡曾試圖藉助拓撲學、數學、邏輯學等學科的知識來說明精神分析學的形式（特別是潛意識的結構），反映出他仍在不斷地尋求思想創新，但這種嘗試只是使其理論更加玄妙而未增加多少有益的成分。下面我們將闡述對拉岡產生較大影響的思想和文化背景。

一、法國精神分析運動的
　興起

　　拉岡生活的時代正是精神分析被法國學
術界接受並加以推廣的時期，這一背景為拉
岡轉向精神分析學並傳播其學說創造了有利
條件。當然，拉岡也為精神分析在法國的普
及做出了不可磨滅的貢獻。佛洛伊德的精神
分析學在傳播的過程中，存在一個有趣的現
象，它似乎輕而易舉地征服了美國人，但在
歐洲本土，尤其在法國卻遇到了巨大的阻
力。法國本是現代精神病學的發源地。佛洛
伊德曾於1885年赴法國跟隨精神病學大師沙
可（J. M. Charcot）學習半年，後來於1889
年又到了法國南錫，跟隨著名精神病學家李
厄保（A. A. Liebeault）和伯恩海姆（H.
Bernheim）學習數週。同時，佛洛伊德還訪
問過讓內工作的薩爾拍屈里哀醫院，對讓內

治療癲症病人的研究很感興趣。可見，佛洛
伊德在創立精神分析學派的過程中，本從法
國精神病學家那裡獲得過靈感和啓示，但
是，他的學說卻遲遲不爲法國人所接受。佛
洛伊德本人對此也有清醒的認識，他說：
「在歐洲各國中，法國是到現在最不傾向於
歡迎精神分析學這門學說的國家。」
（*Freud,* 1986, p.90）。事實的確如此。1919
年，法國著名的精神病學家拉福格（R.
Lafergue）作了一個報告，說明了精神分析
療法對神經症具有較好的療效。人們通常將
這件事作爲法國精神分析運動開始的標誌。
直到1926年法國才建立了正式的組織──巴
黎精神分析協會，到1939年其成員也才發展
到40餘人。因此，法國精神分析的眞正歷史是
從本世紀20年代才開始的。

　　第一次世界大戰之後法國社會出現的經
濟和政治的震盪爲其精神分析運動的興起創
造了社會條件。1914至1918年第一次世界大
戰期間，俄國、德國及奧匈帝國相繼爆發了

無產階級革命，法國工人以舉行多次罷工來
作出響應。資本主義國家的大資產階級加重
了社會政治壓迫，使得各國的法西斯主義氣
焰囂張。在1929至1932年世界經濟危機爆發
前夕，法國於1926年爆發了嚴重的貨幣危
機。面臨經濟和政治的震盪，在法國的資產
階級知識分子中產生了恐懼、迷惘和各種各
樣的失望情緒。他們對資產階級的文明失去
信心，對無產階級的革命卻又心懷恐懼，因
而看不到社會的希望。就在這時，他們抓住
了精神分析這根救命稻草，試圖以此作為擺
脫傳統文化加之於頭上的道德限制和社會限
制的一種手段，從而間接地為精神分析在法
國的傳播開闢了道路。

　　在法國最初接受並傳播精神分析學說
的，主要是一些超現實主義文學家和藝術
家。可以說精神分析主要是透過超現實主義
藝術傳到法國的。超現實主義運動於本世紀
20世代產生於法國巴黎，佛洛伊德的精神分
析學說是其最重要的理論基礎之一。超現實

主義藝術反對傳統社會的理性、邏輯、道德，
在其作品中注重潛意識，即夢、自由聯想、
象徵、幻覺等，這些潛意識都不受「自我」
的任何監督。他們的藝術主張有兩點：一是
所謂「無意識書寫」（或稱「自動寫
作」），認爲要達到絕對的眞實，寫作應該
是純無意識的，不應受任何理性支配；二是
幻覺和夢境，因爲幻覺和夢境是潛意識的主
要活動場所，它純粹由偶然性所構成，理性
和邏輯在其中不起任何作用。超現實主義者
們最喜歡的一句話是：「雨傘和縫紉機在手
術台上相遇，這也是美。」（*Sarup,* 1992, p.
21）。他們強調偶然性，對某種超乎現實之
外的未知現象表現出強烈的興趣。超現實主
義作家透過玩文字遊戲對語言的明晰性提出
挑戰，超現實主義畫家則用「失眞的形
象」、任意性的移置和嫁接來表現其創作技
巧。

　　本世紀20至30年代，拉岡與超現實主義
者有過頻繁的接觸，並且在超現實主義者的

雜誌*Minotaure*上發表文章,因此超現實主義者的理論特點、藝術主張及寫作風格等無不深深地影響了拉岡。拉岡後來強調能指 (signifier) 與所指 (signified) 之間關係的任意性,強調潛意識的話語 (discourse) 等,無不與此有關。超現實主義作家善玩文字遊戲以及語言倒亂等特點直接影響了拉岡的語言和寫作風格,使用玩笑和雙關也成為拉岡的特殊風格之一。此外,超現實主義者重視對心理現象的語言表達,認為病理現象不是無意義的,而是一種具有自身明晰性的表達方式,他們首先認識到了精神分析主要是一個語言問題。拉岡的著名論斷「潛意識具有類似語言的結構」在這裡已埋下了伏筆。有人甚至指出,某些超現實主義者的本文已預示了拉岡理論的許多方面。

除超現實主義者之外,法國精神病學和心理學界也是較早接受精神分析學的領域。精神病學領域中佛洛伊德的信徒主要有拉福格、阿倫迪 (R. Allendy)、博雷爾 (A. Borel)

、赫斯納爾（A. Hersnard）等人，他們接受
了佛洛伊德學說中具有臨床、治療價值的方
面：如從個性的心理結構中、從神經症患者
的行為中去尋求精神病的原因，注意個體的
內心衝突，著重探討神經症產生的潛意識心
理過程，力求揭示這些過程在病人生活中的
意義和作用。除了上述方面之外，使法國心
理學家更感興趣的是潛意識的具體內容。他
們試圖透過精神分析來揭示心理的本質及其
機制，以解釋人的行為，並透過精神分析找
到一條使個體和周圍之間的關係更加協調的
現實途徑。正在接受精神病理學教育的拉
岡，從精神病學家和心理學家那裡直接吸收
了佛洛伊德的理論並用於自己的研究。他於
1931年發表的〈同時發生的瘋病〉（與克洛
德〔Claude〕合作）和〈受啓示的寫作：
論精神分裂症患者的書寫法〉（與米高特
〔Migault〕等人合作）等文章及其博士論
文等，都是研究歇斯底里、偏執狂、妄想症、
語言紊亂症、家庭關係（親子關係）等問

題,這些均已觸及病理心理學問題。1930年7
—8月間,拉岡去蘇黎世跟隨榮格
(C. G. Jung) 和賓斯汪格 (L. Binswanger)
學習精神分析學。隨後又從師於波蘭籍的德
國精神分析學家列文斯坦 (R. Loewen-
stein) 接受精神分析的訓練,並於1934年加
入巴黎精神分析協會,從組織上完成了由精
神病理學家向精神分析學家的轉變。可以
說,法國精神分析運動的興起及拉岡所受的
精神分析的訓練和教育,為他的結構主義精
神分析學的誕生預備了社會條件和文化的底
蘊。

二、黑格爾辯證法的啟示

　　拉岡在大學時,主要攻讀的是哲學。儘
管他對醫學的興趣使他最終走上了精神病學
和精神分析學的道路,但他在哲學功底上是

深厚的，而且他與哲學界的聯繫也從未中
斷。這反映在他的精神分析理論中濃重的哲
學韻味。拉岡最早接觸而且對他的學術思想
產生較大影響的，就是黑格爾的哲學。拉岡
對黑格爾哲學的了解最早得益於著名哲學
家、俄國流亡學者科熱夫（A. Kojéve）在
巴黎高等實驗科學研究學校主持的黑格爾哲
學講座。科熱夫的講座從1933年持續至1939
年，使黑格爾的哲學思想對法國當時的思想
界產生了重大影響。而拉岡則從黑格爾關於
自我意識、主體以及主體之間相互依賴性的
辯證關係的論述中受到深刻的啓迪。

　　黑格爾認爲，人的自我意識是從動物性
的生活基礎上發展起來的。最初，「自我意
識就是欲望」。原始人像動物一樣在無休止
的「欲望與滿足」之間循環往返。物質匱乏
和欲望受挫引起他們最初的自我感覺，即人
透過否定性的痛苦經驗，才有了「我」的感
覺。但真正的「自我意識」的產生，卻需要
另一自我的承認。正如黑格爾所言，只有當

人將欲望的對象從可消失的外物身上轉移至
另一個同樣具有欲望的主體身上，人的眞正
的自我意識才會建立起來。換言之，眞正的
自我意識只能是主體和另一個主體之間的相
互認可的產物。這就是黑格爾的那個著名的
主人——奴隸辯證關係的寓言。在主——奴
辯證關係中，主人的現實和命運既得到自己
的認可也得到奴隸的認可。但這種認可是單
方面的，主人並不反過來認可奴隸的現實和
命運。因此，主奴關係代表了自我意識的一
種最大程度的不平衡性，或社會關係的不平
等。

　　拉岡對黑格爾哲學的吸收和利用是巧妙
和富有獨創性的。拉岡在1936年所提出的
「鏡像階段」論就蘊含著黑格爾哲學的思
想。鏡像階段是指6—18個月的嬰兒在鏡前的
反應。這個時期的嬰兒還不具備獨立行動的
能力，它在鏡前初次看到了自己的影像，見
看到了自己完整的軀體，情不自禁地流露出
欣喜莫名的表情。拉岡據此總結說：鏡像階

段標誌著嬰兒對自身認識的起點，這個認識的過程同時是一個認同的過程。在自身獲得確立的一瞬間，一個外在於自身的他者（嬰兒的鏡像）已經並行存在。透過鏡像，嬰兒已經初次領會到一個完整的人體的能動性。但是，嬰兒並未真正理解鏡像的虛幻原理，因此他在鏡像階段中對自身的認識，只能是一種錯誤的認識或誤認（misrecognition）。拉岡將嬰兒的鏡像稱為自我（ego），以區別於日後透過掌握語言而形成的主體（subject）。對拉岡而言，自我從一開始就是沿著一個虛構的方向發展，自我永遠是主體的一個異化和疏離的部分。嬰兒和鏡像的關係構成想像的（imaginary）秩序〔與此相應的有象徵的（symbolic）和實在的（real）秩序〕，想像的秩序即是一個特定的時刻或階段（指對自身的影像或某種原始意向的自戀性認同），也是一個不斷發展的過程（主體對任何對象的理想化認同，都是一種「想像的」關係）。拉岡將黑格爾

有關「意識」的論述和佛洛伊德的「自我」
論巧妙地揉和在一起。在黑格爾的《精神現
象學》中，主觀精神從靈魂發展到「意識」
階段，「靈魂」自身稱爲「自我」，靈魂的
內容則成爲外在於「自我」的獨立對象，因
而「意識」就是「自我」對外在的、異己的
對象的認識。在拉岡那裡，「自我」是嬰兒
的鏡像，是外在於主體的東西，嬰兒的「自
我意識」或對自身的認識首先是從認識鏡像
開始的。

　　此外，拉岡的「欲望」（desire）概念
也有黑格爾哲學的淵源。薩若普說，拉岡將
佛洛伊德的力必多（libido）概念和黑格爾
的認識概念聯繫起來，創造了他的特殊的欲
望概念（*Sarup,* 1992, p.34）。黑格爾認爲，
一個思想著的人被他的所思之物所吸引，並
在這個客體中喪失了自己，他只能透過欲望
返回自身。一個人只有在欲望中或透過其欲
望才能作爲一個「我」被構成並展示給他自
身或其他人，主體透過欲望被構成。不論對

自身還是其他人而言，一個人只有被其他人
認識，才能成為一個真正的人。拉岡發展了
黑格爾的欲望論，首先闡明欲望和滿足它的
客體之間不是一種簡單的對應關係，而是以
一種複雜的形式與他者（Other）的欲望聯
繫在一起。每個人欲望的實現，總是或者依
賴於自然界，或者依賴於其他人。正如黑格
爾所說，人的欲望只有透過他人的欲望和工
作才能滿足（布洛克曼，1986，p.108）。從1936
年至1953年的〈羅馬講演〉這段時間，拉岡
重點探討了「自我」、「主體」等問題，他
的思想重點就是在黑格爾辯證法的基礎上，
將自我從佛洛伊德的生物學條件的束縛中解
放出來，改而置於一個主體間性或互為主體
性（intersubjectivity）的層面上來理解。前
面已經提及，拉岡的鏡像階段論說明的就
是，自我是主體在其一系列對客體的認識和
誤認的過程中所產生出來的異化部分。黑格
爾辯證法哲學對拉岡思想的影響主要是在
1936—1953年間。從「羅馬報告」開始，拉岡

開始重視語言的問題，即語言和主體間性的
關係。在其思想中，索緒爾和李維斯陀等人
的影響日益顯露出來。

三、存在主義的影響

　　拉岡所持的結構主義觀點是與存在主義
截然對立的。然而，儘管拉岡曾批評存在主
義關於絕對自主性的觀點，批評它的悲觀主
義論調，但在欲望的本質、言語觀等幾個方
面，拉岡顯然受到了存在主義的代表人物沙
特和海德格（M. Heidegger）的影響。

　　拉岡首先認為沙特是黑格爾的追隨者，
從而為他借鑒沙特的觀點找到了依據。沙特
在《存在與虛無》一書中討論的自我(self)
與他人(other)、看(seeing)與被看(being
seen)、順從（humiliation）和控制（domi-
nation）等諸對二元對立因素的辯證分析，

影響到拉岡對異化、主體間性、甚至性變態
等問題的討論。

　　拉岡把《存在與虛無》一書規定為精神
分析學者的基本讀物，認為它敏銳地表達了
關於他人和注視（gaze）的問題（*Lacan,
Seminar* II, 1988, p.215）。沙特認為，注視
不僅僅定位在眼睛的層面上。當注視發生
時，眼睛完全可能不出現，也可能是被蒙住
了。而且所注視的並不必然是我們的同伴的
面孔，它可能是那一扇窗戶，我們假設在這
扇窗戶背後的同伴正躺在那兒等待我們。總
之，注視是未知數 X，是這樣一個對象，當
面對它時，主體就變成了客體。關於這一主
題，在拉岡的理論中占有重要地位。在拉岡
看來，眼睛是為力必多去探索世界的方式之
一，它成為觀視驅力（scopic drive）的工
具。這種觀視驅力不僅尋求快樂，而且陷入
了能指體系。這一能指過程開始影響了所有
的觀看（looking）。眼睛也不僅是簡單的知
覺器官而且是快樂的器官。當然，在眼睛和

觀看之間存在著區別。在某種方式上，主體
可以被他觀看的對象牢牢抓住。正如拉岡指
出的，「更應該說，正是它掌握著我」
(*Lacan,* 1979, p.96) 。

　　沙特的現象學有助於我們理解拉岡的主
體間性問題。沙特的爲愛而存在的 (being
in love) 現象學被看作是無可辯駁的。他相
信自我與他人的對立是不可避免的，他吸收
了黑格爾的主——奴關係辯證法，重新解釋
了爲爭取認識而進行的鬥爭，並討論了每一
個自我試圖把他人降爲一個客體的不可能
性。他認爲實際發生的事情是：對於一個從
外部觀看我的人而言，我似乎是一個客體，
一個物體 (thing) ；我的主體性及其內在
自由一起逃離了他的注視。因而，他總是傾
向於把我轉變爲他看到的客體。他者的注視
深入於我的深層存在，使之凍結並凝固了。
據沙特的觀點，正是這一點，使愛轉變爲不
斷的衝突。愛者希望占有被愛者，但被愛者
的自由卻不能被占有；因此愛者爲了冒險占

有被愛者，傾向於把後者降爲一個客體。愛
總是受到施虐狂和受虐狂之間不斷搖擺性的
威脅。在施虐狂中，我把他人降爲一團任我
撕咬、蹂躪的麵團；而在受虐狂中，我把自
身作爲一個客體，試圖使他人落入陷阱，並
在暗中破壞他的自由。這種主、客體的辯證
關係，是拉岡討論主體間性和主體問題的基
礎。

拉岡的「鏡像階段」與沙特的早期研究
同樣有著某些類似性。在他們那裡，自我都
被看作一種虛幻的表相（illusory represen-
tion），是異化的源泉和焦點。他們兩人都使
用了視覺的隱喩。1936年拉岡引入鏡像階
段，開始用鏡像階段研究人類主體的概念，
這個主體在自身中不具統一性（unity），卻
透過鏡中影像，在他人那裡發現了他的統一
性。鏡像階段是我們對他人的基本依賴性的
發源地，也是拉岡用影像觀界定主體間性關
係的起源。直至1953年，拉岡才改用語言觀來
定義主體間性問題。在這一點上，拉岡與沙

特的不同之處是：就哲學觀點而言，拉岡的
鏡像階段論是從科熱夫的黑格爾講座那裡獲
得他的靈感，然而沙特的純粹現象學則是把
胡塞爾作為它的初始啓迪。

　　處於需要—欲望—需求的三元關係中的
欲望（desire），是拉岡的思想中最重要的
概念之一。拉岡和黑格爾一樣，首先闡明了
自然需要（need）的經驗，進而引入需求
（demand）和欲望。他認為，從兒童在很長
一段時間內需要他人的照顧才能滿足其基本
要求出發，需要可被定義為基本的生物性要
求。當兒童開始用語言來表達他對滿足的渴
求，而且他所要求的滿足中包含被認識為一
個需要的主體時，需要則轉變為需求。正是
從這一轉變過程中誕生了拉岡所謂的欲望。
欲望超越了需求並表達了主體的整體性
（totality）的願望。但欲望永遠都不會得到
滿足。關於欲望問題，拉岡與沙特之間存在
密切的聯繫，可以說，拉岡的欲望概念是取
道科熱夫和現象學才到達黑格爾的。沙特認

爲一個人經受著「欲望所是（desire　to
be）」和「欲望占有（desire to have）」
的撕扯（torn）；而拉岡則認爲兒童在伊底
帕斯情結中，從「欲望成爲陽具」轉變爲
「欲望占有（having）陽具」，兩種觀點如
出一轍，而且沙特與拉岡的欲望都被定義爲
「存在的匱乏」（lack of being）。

　　拉岡和沙特的另一共同之處，就是他們
都對海德格感興趣。拉岡深受早期作爲存在
主義者的海德格的影響。1927年，海德格出版
了他的第一部也是最重要的一部論述存在主
義思想的著作《存在與時間》，重新研究了
胡塞爾獨創的方法，使胡塞爾的現象學轉向
了存在主義。他不再探求「知」（know）意
味著什麼，而是探究「在」（be）意味著什
麼。在30年代，海德格從人類存在的現象學轉
向了語言的現象學，前者基於對人的情緒和
作爲在世（being-in-the-world）的計畫
（projects）的具體描述，後者強調存在的
言語對人類主體的優越性。在這一階段的研

究中，海德格討論了語言的功能，並把語言
形象地比喻為「存在之舍」（a house of
being），在那裡孕育著寶貴的思想。在他的
觀點中，我們不是把語言呈現給我們自己，
而是語言把它自己呈現給我們，並對我們說
話。根據海德格的觀點，「我」（I）不是一些自
由漂浮的脫離現實的我思（cogito），而是
繼承了一個不是由我製造的世界，一個我已
被投入其中的世界。為了將這個世界的意義
投入未來可能性的開放的地平線，「我」可
以自由地選擇將如何為「我」自身再次占有
它們。海德格的討論認為，人不是客體中的
一個固定客體，一個自我同一的整體；他是
一個不斷向著世界超越自身、向著意義的地
平線超越他當前的條件的存在。因此，人類
存在的本質是時間性的，因為我們只能依據
我們的存在的時間地平線，即回顧我們的過
去、計畫我們的未來，來理解我們當前的自
身。

　　在海德格的觀點中，人類思想從來不能

使自身從對過去的全景式綜述狀態中振奮起來。他相信，我們試圖掌握我們自己在過去的根基，是受到一種需要動因的驅使，即需要建立一種與我們存在的現實可能的眞實關係。海德格強調時間的將來時態影響了拉岡。這一觀點認爲，主體的行爲不是由他（她）的過去決定的；最重要的是在於如何去解釋。對拉岡而言，正是我們理解過去的方式，決定著它（過去）如何影響我們（*Lacan,* 1977, pp.47-48）。但是這種理解從一開始，它本身就與我們指向未來的方向相聯繫。海德格的《存在與時間》一書中，把時間性看作一種預期的存在方式。在拉岡的鏡像階段論中，也有一個時間性的視覺領域。在鏡像階段中，自我認同的虛幻或異化性質包括一種預期的、未來的狀態，即自我是未來的主體統一性的虛幻和異化。

海德格關注的中心是存在的意義。這一問題把他導向語言。存在在語言那裡表現自身，語言把存在表達爲一種思想。在海德格

那裡，尤其在他後期的著作中，揭示出語言
表達存在這一思想。因而，存在寓於語言之
中。在存在與語言的關係上，海德格和拉岡
的共同之處相當明顯：它們都反對語言是人
的意志擴展的工具的傳統觀點，他們都同
意：「人行動起來似乎是語言的塑造者和主
人，而實際上語言是人的主人。」（Sarup,
1992, p.38）。他們均以不同的方式提出，我
們被鎖在語言的牢獄之中。無論海德格還是
拉岡都不僅僅對說明（explanation）感興
趣，他們更加熱衷於解釋（elucidation）和
闡明（illumination）。他們不僅去提供訊
息，而且激起熱情。

拉岡對海德格的閱讀大大地影響了他的
語言思想。比如，他吸收了海德格的閒談
（gerede, idle talk）和話語（rede, speech
或discourse）的區分，進一步把言語分為空
的言語（empty speech）和實的言語（full
speech）。這兩種區分均以言語的可信與不
可信為劃分標準。海德格在存在主義的話語

的可信和不可信形式之間作了重要的區分。
他認爲話語是言語的可信形式，可以稱之爲
「說」（saying），它與我們對言語的反應
能力相當一致，因此如要眞正地對存在的聲
音作出反應，即眞正地去聽「說」的話，必
須保持沉默。相反地，話語的不可信形式就
是閒談，它是一種人們無心地或不加思索地
議論。海德格認爲，與他人的對話很容易退
化爲閒談。一旦講話者不再對他人的講話作
出個體的反應時，閒談就發生了。拉岡受此
啓發，認爲在分析性會談中，也存在著言語
的可信和不可信形式。對拉岡而言，當主體
（被分析者）陷入迷宮般的語言結構體系
——能指網絡之中時，陷入老一套的、病理學
的對話時，主體講的就是不可信的空的言
語，這時不是主體在說話，而是主體被話說
著，主體與其言語產生了分離。空的言語是
被異化的、不可信的形式，阻塞著實的言語
的可能性。在由空的言語向實的言語轉變的
過程中，主體爲了接受它在主體間性的領域

中的真正的位置，而逐漸放棄了想像的自我
的自主性。因此，到達實的言語就意味著主
體不再像談論一個客體一樣談論自己，而是
超越了自我所遵循的語言，開始對他者講
話。

　　關於沙特與海德格等存在主義者對拉岡
的影響，在隨後的理論闡述中將會清晰地顯
示出來。美國的拉岡研究者利維（S. A. Lea-
vy）這樣評價了存在主義哲學對於拉岡的
重要性：「儘管拉岡與存在主義哲學存在爭
論，……但是，存在主義哲學對於拉岡猶如
經驗實證主義對於佛洛伊德，其意義一樣重
大。」（*Leavy,* 1977, p.217）。

四、結構主義方法論的運用

　　拉岡生活在一個結構主義語言學和結構
主義哲學蓬勃發展的時代，因此結構主義的

方法影響到他的整個理論也是必然的。約從
50年代開始，拉岡積極投身於結構主義運動
的洪流之中，並成功地將結構分析的方法引
進精神分析學的研究領域中來，不僅使其理
論思想發生了明顯的轉變，而且在現代精神
分析學中掀起了一場變革。

　　結構主義哲學思潮發端於索緒爾創立的
結構主義語言學。索緒爾強調共時語言學的
研究，認為語言是「一個自在的整體」，是
一個具有內在理智性的結構體系。他的符號
理論以及對語言（法文為langue，英文為
language）和言語（法文為parole，英文為
speech）的區分，對言語活動（法文為lan-
gage）兩個軸線的研究，成為他對語言學的
主要貢獻，並對後世的語言學、符號學和音
位學等產生了極其重要的影響。布格拉音位
學派的雅克慎（R. Jakobson）是其語言學
思想的主要繼承人之一。40年代以後，結構主
義語言學以其嚴密的方法論，啓發了社會科
學的其他學科。於是，結構主義語言學的大

量術語湧入其他社會學科，其分析方法滲透
到諸如人類學、哲學、心理學和文藝批評等
領域。這樣，結構主義從一種語言學理論演
變成一股對社會科學各學科幾乎都產生影響
的思潮，成爲一種哲學的方法論體系。

　　結構主義方法論的基本特徵是：(1)關係
決定要素。認爲對象內部諸要素之間以及對
象與對象之間處於複雜的關係網絡之中，只
有說明關係，才能適當解釋整體、部分和要
素，關係對於要素有優先的重要性；(2)秩序
就是本質。直接呈現在人們眼前的東西只是
現象或表層結構，只有藉助理智力量把握的
深層結構，才是隱藏在現象背後的內在秩
序。秩序就是對象內部的結構方式；(3)重模
型輕事實。認爲實際事物是透過間接的符號
表現出來的，必須把對事物的研究從觀察描
述層次提高到模擬化或模型化層次。社會文
化的研究也要運用自然科學的方法，從定性
研究提高到量的把握；(4)用「共時性」
（synchrony）代替「歷時性」（dia-

chrony）。強調從橫向而不是從縱向揭示對
象的內在結構，試圖從複雜現象中發現恒定
的結構規律。在結構主義方法論的指導下，
拉岡對佛洛伊德的精神分析學進行了重新解
讀，以期把精神分析學提高到科學化的水
準。拉岡的這種解讀賴以使用的工具，就是
以索緒爾和雅克愼為代表的結構主義語言
學，和李維斯陀的結構主義人類學。下文我
們將分析拉岡如何運用和發展結構主義方法
論來研究精神分析學的潛意識理論，以及拉
岡如何對「結構」提出新解釋。拉岡既運用
了結構主義方法論，又發展了結構主義理
論，並且成為結構主義的主要代表人物。

㈠語言符號的任意性與能指的首要性
（arbitrary of sign and primacy of
signifier）

　　索緒爾首先肯定語言是由語言符號組成
的結構體系之後，又區分了言語活動中的語
言和言語，認為語言就是從言語活動中減去
言語，而言語活動可以看作是一個主體所講

的語言的運用和連結 (utilisation　and
articulation)；語言是言語活動中社會性
和系統性的部分，是語言符號之間相互關係
的系統，是語言共同體的成員約定俗成的；
而言語是個人的和或然的，是個人爲了交際
的需要使用語言的結果。語言符號是語言的
基本單位，是「具有兩個方面的心理性實
體」。索緒爾一反傳統，不再認爲語言符號
是一個詞與一個事物的連結，而將其視作一
個概念與一個聲音形象的連結，即「所指」
(signified) 和「能指」 (signifier) 之間
的連結。所指與能指之間的聯繫是不可分割
的。索緒爾用了一個形象的比喩加以說明：
「語言可以比作一張紙：思想是正面，聲音
是反面。我們不可能切開正面而不同時切開
反面。」（索緒爾著，高名凱譯，1980，p.158）。
因此，語言符號就是所指與能指之間既對立
又統一的關係，可用圖2-1來表示。
　　但是，所指與能指之間的聯繫是「約定
俗成」的，即在被表達的概念和表達概念的

$$語言符號 = \frac{概\ 念}{聲音形象} \quad \frac{所\ 指}{能\ 指} \quad \frac{S}{s}$$

圖 2-1

語音鏈中沒有內在的必然聯繫，所以能指與
所指的關係是任意的，即符號具有任意性。
符號的任意性引起拉岡的特別關注。他認
為，這種任意性必然說明從能指到所指、從
語言到意義或從人類行為到其心理含義之間
沒有必然的、自主的或自明的轉換。在精神
分析學中，人們要注意的正是能指和所指之
間的這種斷裂（split）關係和不穩定的關
係。人的每一項行為或動作，並沒有一種與
之相呼應的、明顯的意義。換言之，我們掌
握的只是能指的部分，而所指已經躲到潛意
識的複雜結構中去了。能指是語言符號的聽
覺特性，它只在時間向度上展開，因而具有
線條特徵，拉岡把能指的線條特徵（the

character line of signfier) 叫作「能指鏈
(the chain of signifier)」，能指鏈限制
著說話者的自由。

　　此外，拉岡對索緒爾的能指與所指之間
的對稱性與平衡性提出了質疑。他將索緒爾
關於所指與能指的規則顛倒過來，變爲S/s，
即大寫的S能指移到了橫線的上方，顯示出
能指對所指的優越性和本源性功能。正如拉
岡所說，能指對所指具有一種積極的、統治
的力量；所指在能指的下方悄悄滑變，並成
功地抵禦著我們試圖給它的定位和定界。能
指與所指之間的橫線強調兩者之間的分離和
斷裂，拉岡將其描述爲一種阻抗「意義」的
障礙。正是藉由能指與所指、能指與能指之
間（一個能指不可能緊隨另一個能指出現）
的斷裂，主體的潛意識的某些方面才被揭示
出來。

㈡疑縮與移置→隱喻與換喻（condensa-
tion　displacement→metaphor　meton-

ymy)

對言語活動中範例（選擇）和句段（組合）軸線的區分是索緒爾除語言符號之外的另一重要發現。其繼承人雅克慎將這兩種關係用隱喻和換喻來代替，拉岡則創造性地發現了隱喻和換喻與潛意識的兩種活動機制──凝縮與移置的相似性，從而得出了「潛意識具有類似語言的結構」這一著名的論斷。

按照索緒爾的觀點，言語活動就是要完成兩個同時進行的操作系列：選擇（selection）和組合（combination）。前者是在已有的詞彙記憶庫中選擇一定數目的語言單位，後者是在被選定的這些語言單位之間進行組合。因此一種發音或訊息就是從所有可能的組成部分的記憶庫中選擇一定的成分並結合起來。選擇是基於語言符號之間的相似性聯繫，形成一種替代的聚合關係（paradigmatic relationship）。從單個符號的角

度來講，是指在某段訊息中出現的一個符號
（在場〔in-presence〕）與不在那段訊息中
出現的其他符號（不在場〔absence〕）之
間的對應關係。選擇過程或聚合關係是語言
符號的垂直（共時性）運動。至於組合則是
要在語言符號之間尋找、造成連接關係，形
成句子或段落，它基於語言符號之間的接近
或鄰近關係，是指一個符號與句子中在它之
前或之後出現的其它符號之間的對立，它與
前後符號有一種組合關係（syntagmatic
relationship），這是一種在場的關係，也就
是在一段訊息中依次出現的各個成分之間的
關係。組合過程是語言符號的層次（歷時
性）運動。

　　雅克慎利用索緒爾對言語活動兩個軸線
的劃分，以及他對失語症患者的研究發現，
失語症患者的相似性錯亂和鄰近性錯亂這兩
種語言錯亂現象與隱喻和換喻過程緊密相
關。在「相似性」錯亂的病人身上，只保留
著語言的句段或組合的方面，他們在處理

「聯想」關係，如「命名」、使用同義詞、
下定義等，亦即處理隱喻的素材時顯得無能
為力；而在「鄰近性」錯亂的病人身上，情
況恰恰相反，他們喪失了把語詞組織成更高
級的單位的語法規則，其言語主要局限於用
「具有隱喻性質的相似性」替換詞語。因
此，「隱喻似乎和相似性錯亂不相容，而換
喻則和鄰近性錯亂不相容。」（霍克斯著，瞿
鐵鵬譯，1987，p.78）。雅克慎得出結論認為：
「話語的發展是在兩個不同的語義學途徑上
進行的，從一個主題過渡到另一個主題，或
者是透過相似關係或者是透過鄰近關係。最
好是在第一種情況下我們把它稱為隱喻過
程，對於第二種情況我們稱之為換喻過程；
因為第一種情況是在隱喻中、第二種情況是
在換喻中找到了它們最恰當最濃縮的表
達。」（轉引自杜聲峰著，1988，p.64）。因此
在雅克慎看來，隱喻程序（選擇軸線）和換
喻程序（組合軸線）是在言語活動中起著重
要作用的兩個基本過程。

　　隱喻是透過兩個詞項之間內在的相似關係或類似關係而進行的言語轉換，出現在聚合軸線（語言軸）之上。從原則上說，是以一個事物來指稱另一個事物。例如，我們可以用冰雪象徵純潔，用瘟疫比喻法西斯主義，用潮水來比喻人群等。換喻的轉換是透過兩個詞項之間外在的因果、空間、時間鄰近性而進行的，是一種名稱的改變，出現在組合軸線（言語軸）之上。典型的例子如用波爾多代替波爾多葡萄酒，就是用產地代替產品。在「白宮在考慮一項新政策」的語句中，透過空間接近關係，用居住地代替居住者。再比如，30張帆可表示「30張船」，是用部分表示整體。我們可以把索緒爾區分的言語活動的兩個軸線和雅克慎的隱喻與換喻過程的關係圖示如後。

　　拉岡直接從雅克慎那裡繼承了隱喻和換喻的表達，確信語言在本質上是隱喻的。他寫道，語言可被隱喻性地用來「指稱與它表達的截然不同的東西；換言之，語言的隱喻

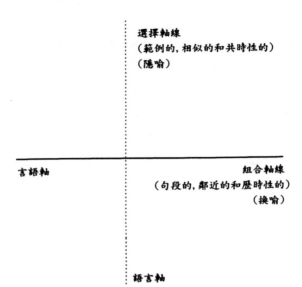

選擇軸線
(範例的, 相似的和共時性的)
(隱喻)

言語軸 　　　　　　　　　　　　　　**組合軸線**
　　　　　　　　　　　　　(句段的, 鄰近的和歷時性的)
　　　　　　　　　　　　　　　　　　(換喻)

語言軸

圖 2-2

特性允許一個詞去指代超出它的字面意義和
所指對象的某種東西。在說出話語的後面,
存在它原想說的意思, 而在它原想說的東西
背後還有另外的意思, 這個過程永無止
境。」 (*Lacan,* 1977, p.155)。雅克慎在他

的〈語言活動的兩個方面和兩種失語症〉一
文中，宣稱隱喩和換喩是言語活動的兩個支
柱，同時又把它們與佛洛伊德有關潛意識的
兩種機制凝縮和移置聯繫起來進行研究。拉
岡認識到了這種方法的優越性，逐用結構主
義語言學的成果巧妙地加以改造之後用於他
對潛意識的研究之中。

　　對拉岡來說，無論隱喩，還是換喩，都
是「能指的替換」，這一特點說明所指只有
在能指網之中才能獲得其內在一致性，能指
相對於所指具有獨立性和優越性。在隱喩中
能指的替換是這樣進行的：

　　我們用「雪」的隱喩意義來意指純潔，
可以假定：

$$\frac{S1}{s1} \quad \frac{\text{聲音形象:}"純潔"}{\text{純潔的概念}} \quad \frac{S2}{s2} \quad \frac{\text{聲音形象:}"雪"}{\text{雪的概念}}$$

圖 2-3

當我們引進隱喻過程時，便進行了一次
能指替換，即用S2替換了S1，見下圖：

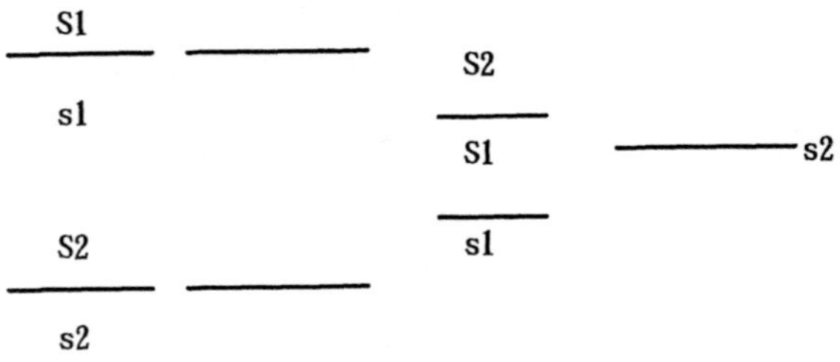

（大寫"S"表示能指，小寫"s"表示所指）

圖 2-4

在上圖中，能指S2替換了S1，使S1/s1降
到了橫線之下，S1/s1這一符號成了S2的一
個新的所指。而原來的所指s2（即雪的概
念）被從符號S2/s2中排除掉了。也就是說，
透過隱喻過程，來自S1與s1連結的意義成了
所指，即S1/s1成了所指。在這一過程中，符
號的任意性特徵又表現了出來。在隱喻中，
與替換的能指S2相連結的只能是一個符號
S1/s1，而不可能是一個簡單的「能指調

換」，很顯然，如果能指S2與所指s1相連結，得到的將只是一個新的符號而不是一個隱喻。因此，它從一個側面反映出能指 (S2) 可以與任意一個所指 (s1，s2等) 相連結，表現出能指對所指的任意性。

就整個話語段的能指網來說，透過隱喻程序，S1/s1即刻成為S2的所指而與S2相連結，這正好證明了能指鏈對所指的控制特性，反過來說，即所指是在能指網中獲得其一致性的，從而證明了拉岡所說的「能指的優越性」。

透過對隱喻過程的分析，拉岡得出結論是，隱喻是意義的製造者，不論就隱喻的形成還是就話語的主體來說，能指都具有本源性的特徵。

同樣地，我們可以用帆與船的例子來說明換喻的形成。在「千帆競發」這句話中，用「帆」代替了「船」。因為帆與船之間具有空間上的意義的連接關係，所以它們的替換是有意義的。假定：

S1	聲音形象:"船"	S2	聲音形象:"帆"
s1	船的概念	s2	帆的概念

圖 2-5

換喻過程就是進行了如下一個能指替換：

S1			
s1		S2(……S1)	
			s2
S2		s1	
s2			

圖 2-6

與在隱喻中的情形不同，被替換的能指 S1 並未降到橫線的下方，而是仍留在上方，這是因為在換喻中，意義來自能指 S1 與 S2 之間直接的鄰接關係，所以要保持 S1。相反地，所指 s2 則暫時被排除掉了。在換喻中，兩個能指（S1，S2）同時被保存下來，避免了以偶

然的方式製造一個新的符號S2/s1。同樣地，
換喻的分析也有助於證明能指相對於所指的
獨立性和優越性。

　　透過對隱喻和換喻過程的如上解釋，拉
岡認為潛意識的凝縮過程是透過省略或組合
而創造一個新形象，即一個能指對其它相似
的能指的替代，被替代的能指以潛隱的方式
出現；移置過程是透過接近關係而使顯現內
容和潛隱內容連接起來，即一個能指對具有
接近或鄰近關係的另一能指的替代，被替代
的能指可進入顯現的內容中。因而，凝縮過
程與隱喻的能指替換具有同樣的結構和機
制，而移置過程可比之於換喻。從而潛意識
的結構活動規律可以用結構主義語言學的方
法來加以分析和論證。拉岡認為隱喻和換喻
這兩種符號的表達形式為我們提供了理解心
理功能的模式：隱喻的概念可闡明「症狀」
（一個相聯的能指對另一能指的替換）；換
喻的概念則指向欲望的源泉（能指對能指的
組合關係，蘊含著一個可無限擴展地進入未

知領域的過程）。對拉岡而言，潛意識的意義透過隱喻和換喻的方式「固著」(insist)在能指鏈中；症狀是隱喻，而欲望就是換喻。

拉岡對索緒爾結構主義語言學的運用，和他對李維斯陀的某些觀點的借鏡有著密切的聯繫。李維斯陀是結構主義的創始人，他第一個將結構主義語言學的方法運用於人類學研究，使索緒爾對結構主義思潮產生巨大影響。李維斯陀在索緒爾的語言符號系統基礎上進而提出，應當把我們賴以生存的人類社會看作符號系統的集合，其中最基本的符號系統是語言、婚姻規則、經濟關係、藝術、科學和宗教。這些符號系統的一個共同特點是，系統中的個別成分本身無意義可言，單個成分只有與系統中的其它成分形成一種結構關係之後才能產生意義，如同語言符號的意義只能透過與其它符號的關係才能顯示出來一樣。因此，系統優於要素，整體的秩序優於秩序內的個別成分。他認為一切社會文化現象都是由結構決定的，而各種結構最終

又是人類「潛意識活動」的產物，是人的潛
意識活動的一種「投射」（projection），
李維斯陀引進符號系統概念的目的在於說明
某種整體性的或群體性的意義，會先於個別
主體的經驗而存在，可以說某些社會的法則
或現象，是不會以個別主體的經驗為轉移
的，語言就是這樣一種特殊的文化現象。例
如亂倫禁忌，它是透過婚姻交換關係建立起
來的，和語言一樣，對社會中的所有成員都
具有強制性。李維斯陀從社會的角度出發，
論證分析了正是有了亂倫禁忌，社會的文化
秩序才得以建立起來，家庭結構才顯示出對
所有自然秩序的一種超越。

　　拉岡從李維斯陀那裡接受了「象徵的」
這一概念，將其轉化為他的精神分析學中與
「想像的」和「真實的」鼎足而立的重要概
念。在他看來，兒童必須透過掌握語言，拋
棄對母親的亂倫欲望，才能進入符號的和象
徵的秩序這一文化領域。李維斯陀和拉岡在
理論觀點上是互相借鏡的，結構人類學的許

多概念豐富了拉岡的精神分析學，反過來
看，拉岡的精神分析學也使李維斯陀受到很
大的啓發。他們兩人都關心潛意識的結構，
只不過李維斯陀關心的是集體的、社會的潛
意識，而拉岡則關心個人的潛意識結構，他
們兩人分別從社會的「外界」和心理的「內
界」爲結構主義運動奠定了基礎。同時，由
於他們兩人對結構主義語言學自始至終的忠
實態度，而被認爲是最典型的結構主義者。
拉岡在李維斯陀和索緒爾的影響下，結合精
神分析學的研究對「結構」概念給予了獨特
的解釋。

　　首先，結構與數學中所講的群集有相似
性，因此一個結構中的要素既可以被分離開
來，也可以進行歸納性研究；其次，結構的
部分是被結構化了的，結構是必然的。結構
主義所說的「結構」概念與格式塔（Ges-
talt）心理學所說的「形式」概念儘管有聯
繫，但不能機械地加以比附；第三，結構除
了拉加舍所說的「顯現結構」（appear-

ance　structure）和「理論模型」結構
（theory-model-structure）之外，還有一種
更重要的結構，即「能指的純粹和簡單的組
合」（the combination pure and simple
of signifier）所形成的結構，這正是拉岡的
潛意識理論中所要研究的那種結構。拉岡強
調「能指對於所指的優越性」與「能指的獨
立性」，所以能指可以組合而形成結構。拉
岡說「潛意識具有類似語言的結構」就是在
這種意義下說的。

　　結構主義的特徵就在於它是一種方法論
實踐，其目的是使人文科學和社會科學能像
自然科學那樣達到精確化和科學化的水準。
這一點與拉岡試圖使佛洛伊德的理論「科學
化」和「理論化」的觀點不謀而合。結構主
義強調的整體大於部分、共時優於歷時，以
及把結構看成是構成一個整體的各個部分之
間的關係，並注重探尋現象之後的秩序或結
構等觀點，都被拉岡愉快地接受並具體地加
以運用。而拉岡生活在結構主義語言學和結

構主義哲學積極發展的時代，因此，結構主
義方法論影響到他的整個理論也是必然的，
同時他也發展了結構主義哲學。

五、與自我心理學的對峙

　　拉岡自其理論奠基時起，似乎就與當時
處於權威地位的美國自我心理學有著不可調
合的矛盾。他總是不失時機地批評美國的自
我心理學。美國的自我心理學主要是由來自
歐洲的移民精神分析學家建立的，代表人物
有哈特曼（H. Hartman）、克里斯（B. Kris）
及列文斯坦等人。他們繼承了佛洛伊德的自
我理論和臨床治療觀，強調個體對現存社會
條件的協調和適應；認爲自我與個體的神經
性衝突沒有必然聯繫，而是存在一個「非衝
突區」（conflict-free sphere）（即自主的
自我〔ego of autonomy〕），它可以自由

行動和抉擇。他們認為分析的任務是強化自
我以抵制超我和伊底（Id）（即本我）雙方
加之於它的要求，也就是發展一個強有力的
自我。拉岡針對自我心理學家的觀點和方法
進行了一一的駁斥，在與自我心理學家的對
立和辯論中提出了新的精神分析治療目標，
發展了自己的一套治療理論和技術。

　　拉岡與自我心理學的對立主要表現在潛
意識和治療觀兩個方面。自我心理學家強調
精神分析學的臨床方面，並注重在意識的層
面上研究精神分析學的理論，尤其強調自我
對現實的適應問題。而拉岡主張從內部的潛
意識入手，發掘佛洛伊德精神分析學的文化
與哲學方面的意義。因此，拉岡的茅頭首先
對準了自我心理學家的自我觀。他反對存在
「自主的自我」或自我的「健康部分」。他
反問說，我們怎麼知道自我的哪一「部分」
是「健康」的呢？如果承認自我的「健康部
分」，就等於假定分析的目的只有經由認同
分析者的自我才能達到，精神分析的目標就

是使病人像分析者那樣看待世界，分析家的
作用只是與本能和驅力作鬥爭的「健康」的
自我力量的助手。對拉岡而言，自我是敵人。
自我的根源在鏡像階段。拿在母親手中的鏡
子，爲處於發展初期的、肌肉無力的嬰兒提
供了他自身完整、統一的形象的初始觀念。
如我們後面將要看到的，自我是由「異化的
認同」（alienating identifications）構成
的，是誤認的產物，自我是兒童的鏡像，因
而自我基本上是不可信的。按照拉岡的觀
點，自我不是自主性的，而是從屬於並異化
於他人及其影像，自我在其發展過程中認同
它們。他認爲，如果分析以被分析者認同分
析者而告終，那麼這就是失敗的分析。在最
終的治療中應該消除的是自我的盔甲，自戀
妄想的玻璃囚籠。

佛洛伊德有一句名言：「哪裡有伊底，
那裡就有自我」。自我心理學家非常喜歡這
句話，因爲在他們看來它給予了自我以首要
性；「原始的」伊底經過「中性化」（neu-

tralization） 發展成爲「理性的」適應良好
的自我，自我結構就可以自由地發揮自主的
作用了，因而自我產生之後便獨立於伊底，
並對伊底起著監督、控制的作用。拉岡則反
其道而行之，強調自我對伊底的依賴性，因
爲自我必須接受來自伊底的能量。因此這句
名言應譯爲：「伊底過去在哪兒，自我就必
須來到那兒」。拉岡堅決主張，潛意識能量
的王國並不是要求更爲強硬的看守和來自自
我的控制，而是毫無疑問地提供這樣的恩
惠，「它恰是主體的場所，是眞實性的倉庫
（repository） 。」 （*Sarup,* 1992, p.73） 。

　　在治療觀方面，拉岡與自我心理學家也
是針鋒相對。首先，自我心理學家非常重視
精神分析的臨床作用，而拉岡則認爲臨床治
療在精神分析之中只是一種副產品，精神分
析學本身不是一種治療體系，不是一種解釋
性或護理性知識的方法，而應該是關於聆聽
和探求欲望的一系列技術 （*Sarup,* 1992, p.
11） 。這也反映了拉岡對精神分析的學科性

質的看法，他強調其科學性、人文性，反對
其醫學化傾向。他認為精神分析更應該是一
種感召而不是一種職業，應是一門科學性的
學科和一種個體研究及自我發現的過程。其
次，在治療的具體問題上，如會談時間、分
析者的解釋等問題上，拉岡也一反傳統，發
表了自己獨特的見解。此外，拉岡還主張分
析者與病人應建立一定的社會關係，提出了
對丈夫和妻子雙方同時進行會談的治療方
法，認為非專業的精神分析醫生經過適當的
訓練可以加入精神分析學會等。所有這一切
都使他與自我心理學家形成了尖銳的對立，
並導致了他們之間日益加劇的理論鴻溝。

　　除了上述學術觀點上的分歧之外，拉岡
對自我心理學在國際精神分析學會中的權威
與霸主地位也是耿耿於懷的。他認為自我心
理學家使精神分析學「醫療化」的結果是使
之不健康地適應了美國的狹隘作風和權威主
義，而自我心理學家的成功又使他們的所有
主張得以合法化，其假設也可以付諸實施。

拉岡還激烈地抨擊說，「美國的佛洛伊德主
義者已失去了他們的立場，甚至不能認識到
他們自己的理論上的自戀性質。」（庫茲韋
爾著，尹大貽譯，1988，p.134）。他責備他們片
面採取了行為主義的某些觀點，把人當作機
器，他把他們的分析訓練的觀點比擬為一個
武斷的駕駛學校，「這個學校不僅要求有發
放駕駛執照的特權，而且要求去監督汽車的
製造。」（庫茲韋爾著，尹大貽譯，1988 年，
p.134）。由此可見，拉岡與自我心理學的對
立不僅是學術上的矛盾，而且帶有一種精神
分析的政治色彩。

　　自我心理學自認為是最正統的佛洛伊德
學派，而在拉岡生活的時代，也正是自我心
理學的發展、成熟時期，因此與當時權威的
精神分析學派相抗衡的結果，是他受到了國
際精神分析學會的排擠和壓制。一向具有反
抗精神和執著性格的拉岡藉機提出了「回歸
佛洛伊德」的口號，試圖在佛洛伊德的本文
中尋找對他有利的理論根據。他之所以打出

這面旗幟，一個目的是向操縱國際精神分析學會的美國自我心理學家提出挑戰，另一重要目的就是創建自己獨特的理論體系。為了回歸佛洛伊德，拉岡利用了當時種種知識領域所能提供給他的各種方法和手段。如黑格爾的辯證法語言和19世紀人類學的資料，以研究親屬關係結構和索緒爾語言學為基礎的結構主義人類學、現象學和存在主義哲學的某些觀點，還有兒童心理學、邏輯學、語言學和數學等領域的知識，他尤其借鏡了索緒爾的結構主義語言學的方法來發展佛洛伊德的精神分析理論。

註釋

①拉岡不僅運用上述各科知識，而且對這些學科作出
　了特殊的貢獻。

　　19世紀末，佛洛伊德在治療神經症的過程中，發現了潛意識的存在，從而奠定了他的精神分析學的基礎。但在佛洛伊德的繼承人那裡，尤其是在自我心理學家那裡，潛意識的基礎地位似乎受到了動搖，自我心理學家更重視對意識層面的「自我」的研究，卻忽略了對潛意識層面的伊底（本我）的探索。拉岡正是針對這一現實，提出了「回歸佛洛伊德」的口號，他要回到弗洛伊德對潛意識的研究上面去，力圖重新喚起人們對潛意識的重視。

　　拉岡藉助於當時的結構主義語言學，對佛洛伊德的精神分析學進行了重新解讀，發現了潛意識—語言—夢之間的活動規律的相似性。他提出了兩個重要的命題：「潛意識具有類似語言的結構」和「潛意識是他者的話語」。他傾其一生的心血，就是要證明：潛意識也是一種結構，它具有與語言結構相似的活動規律，從而將精神分析與結構主義語言學聯繫起來，並將其納入了科學的體

系。正如麥考比(C. MacCabe)指出：「對拉岡來說，我們應該強調將精神分析學理解爲一門科學，其特定的研究對象則是人的潛意識及其形成條件和過程」（轉引自*Stephen*, 1975, p.13）。

一、佛洛伊德的潛意識學說

　　拉岡非常重視佛洛伊德有關潛意識、神經症症狀的研究，因此佛洛伊德早期的學術思想似乎對他的影響更大一些。尤其是佛洛伊德的《夢的解析》、《日常生活的心理分析》等著作中的主題，更是拉岡極爲感興趣的問題；他就是以這些問題爲基礎，藉助結構主義的方法論，對佛洛伊德的本文進行了重新解讀。

　　潛意識是精神分析學的三大奠基石之一（其它兩個基石是本能論和夢論），它的發

展歷經三個階段：精神病理學階段、心理學
階段和人類學、社會學乃至哲學階段。潛意
識概念從最初的精神病理學意義上的「被壓
抑的生活經歷」，到心理學階段成爲一切人
的「性本能衝動」的根源，直至發展成爲人
類活動、社會文明的根源。隨著研究的深入，
佛洛伊德把從神經症患者身上發現的潛意識
心理現象由病人推至健康人，後來推廣到整
個社會領域，潛意識成爲人類社會歷史的根
源。在此需要指出的是，佛洛伊德潛意識的
第三階段的意義被李維斯陀繼承，成爲他的
結構主義人類學的重要概念和基礎。而拉岡
雖然對李維斯陀的理論有所借鏡，但在潛意
識理論上他主要繼承了佛洛伊德第一、第二
階段的意義。

　　在佛洛伊德看來，潛意識旣是一種正在
進行的無從直接覺知的心理過程的屬性，又
是一個系統的心理領域，它與意識、前意識
相對立。佛洛伊德在早期將人的心理機制劃
分爲三個不同的「區域」或系統，即意識、

前意識和潛意識。這三個系統在心理空間中
由淺入深構成一個整體或結構。潛意識的表
現形式主要有症狀、夢、口誤、筆誤、行動
倒錯及玩笑等。佛洛伊德認爲這些現象都具
有象徵意義，是潛意識的本能欲望的宣洩。
尤其是透過對夢的分析，佛洛伊德發現了潛
意識的機制和活動規律，使其潛意識理論趨
於 成 熟。他 將 夢 分 爲 顯 夢 （manifest
dream）和隱夢（latent dream），因此一
個夢具有顯象和隱意兩種表徵。顯夢是指夢
的表面現象，即實際做的夢或通常所說的夢
境，夢的表面意義只是一種顯象，而顯夢背
後隱藏著的隱夢或意念即潛意識，則是夢的
隱意。

　　佛洛伊德認爲，夢的顯象與隱意雖有聯
繫，但有實質的不同，兩者的關係猶如謎面
與謎底、譯文與原文的關係。隱意是最重要
的，爲了挖掘夢的隱意，佛洛伊德發展了一
套釋夢的技術，發現夢的活動（或夢的工作
dream-work）規律主要有：凝縮、移置、象

徵 (symbolization)、潤飾 (elaboration)
四種。凝縮即顯夢的內容比隱夢簡單，似乎
是隱夢的壓縮體。凝縮的方法有三種：(1)某
種隱意成分完全消失；(2)隱夢的許多情結
中，只有一個片段侵入顯夢之內，如後面要
講的「植物學專論」一夢；(3)某些同性質的
隱意成分在顯夢中混合爲一體，如「給艾爾
瑪注射」一夢中M醫生的構成。凝縮也可以
說是一種象徵。移置即以部分代替整體，或
以鄰近性關係的此物代替他物。因此移置的
方式也有兩種：(1)一個隱意的元素被一個無
多大關係的他物替代，性質與換喻類似；(2)
隱意的一個重要元素被另一個次要元素替
代，夢的重心被轉移。很多情況下，夢的思
想 (即隱意) 會經由夢的工作變爲生動的而
毫無邏輯性和連貫性的視覺形象，這就是夢
的象徵功能。夢的潤飾工作正與此相反，它
常常使顯夢成爲似乎合乎邏輯的、連貫的整
體。

　　在釋夢的過程中，佛洛伊德發現，夢的

工作所表現出來的千奇百怪的現象,可以在
語言發展中找到類比。如同一文字含有兩歧
之意,甚至連同一字根上發展出的字都具有
不同的含義,例如with不僅有「偕同」之
意,還有「剝奪」的意思(withdraw—取
消、withhold—阻止)。拉丁文的兩歧字:如
altus＝高或深、scaer＝神聖或邪惡。古埃及
語「ken」原用以表示「強」和「弱」。還
有詞根稍經變化,便可代表不同的意義,如
(拉丁文)clamare＝高呼,calm＝靜靜
地、默默地、秘密地;siccus＝乾燥, suc-
cus＝液汁。這些語言中的變化類似於夢的凝
縮。此外類似於移置情況的語言現象也存
在,如由於音的位置變化,一前一後,造成
不同的字代表相同的基本概念。在英文、德
文中有類似的情形,如Topf-pat(鍋),Boat-
tub(桶)。(佛洛伊德,1986,pp.135-138)

　　佛洛伊德發現了夢的工作與語言現象之
間的這種相似性,卻並未加以深入研究。佛
洛伊德未加重視的這一發現引起他的解讀者

拉岡的極大興趣。拉岡以此為切入點，找到
了語言學與精神分析學之間的內在聯繫，把
佛洛伊德的心理學的凝縮和移置概念改為語
言學的隱喻和換喻概念，從而將佛洛伊德的
潛意識概念納入結構主義語言學的框架中，
為他將精神分析學由醫學的分析模式轉變為
一種語言學的人文模式打通了道路。

二、潛意識具有類似語言的
結構

這個標題是拉岡及其繼承人最為頻繁提
及的話題。我們必須明確：首先，拉岡所謂
的潛意識是嚴格的佛洛伊德意義上的潛意識
概念，是一種動力的、個人的體系。其次，
潛意識「具有類似語言的結構」或「像語言
一樣被結構化」，但它並不是「一種語
言」。那麼潛意識像哪種語言一樣被結構化
呢？即潛意識結構化所依據的語言學標準是

什麼呢？在拉岡看來，這種語言來自索緒爾
和雅克慎的結構主義語言學。拉岡的最基本
的語言學概念來自索緒爾，包括能指與所指
的關係、能指的任意性、語言和言語的區別、
語言的交流以及由此而來的對話性本質。即
使像隱喻和換喻以及二元對立的概念也來自
索緒爾，只不過中間經過了美國的雅克慎和
歐洲其他結構主義者的發展。

　　拉岡非常重視精神分析的對話，他主張
對話與語言之間是基本統一的。他反對美國
的主流精神分析學（即自我心理學），認為
它們片面地吸取了佛洛伊德追求自然科學的
客觀性的一面，卻忽視了他重視語言和對話
的人文性的一面。拉岡所熱衷發掘的正是後
者。在此應指出，拉岡所說的語言，絕不是
我們通常所理解的語言或語言學所理解的那
種語言，而有其特殊的含義，「拉岡所說的
『語言』，只是指語言的話語的某種分詞、
某種結構機制，這種機制遍佈於心理結構的
一切層次，使得一切層次的比較、以及從一

個層次向另一個層次的過渡成爲可能。」
（波波娃，1988，p.137）。拉岡正是使這樣的
「語言」，即作爲連結各種意思和含義的某
些方法、機制、次序的表現的語言，和潛意
識的東西互相接近起來，用他自己的話來說
就是潛意識具有類似語言的結構。

　　拉岡把潛意識與語言統一起來的重要一
步，是用能指和所指代替佛洛伊德的「物的
呈現」(thing-presentation)和「詞的呈現」
(word-presentation)。早在1915年，佛洛伊
德在〈論潛意識〉一文中就物的呈現和詞的
呈現作了區分，認爲前者主要與視覺印象、
與概念相聯繫，是純粹屬於潛意識範疇內的
活動，是某些記憶的痕跡；而後者基本上是
一些聽覺的東西，處於前意識階段。物的呈
現必須透過前意識的「詞的呈現」才能出現
於意識中。簡言之，如果潛意識的物的呈現
最終像字母、像字母構成一樣可讀，即成爲
字母或成爲詞的一部分時，它們才能成爲意
識的東西，如此一來，它們就獲得了一種詞

的意義，意識將把那些詞理解爲潛意識的內
容。拉岡認爲，佛洛伊德的「物的呈現」和
「詞的呈現」，可分別用索緒爾的術語所指
和能指來表示，潛意識是所指，意識則是能
指。由此，拉岡在精神分析和結構主義語言
學之間架起了一道簡易的橋樑。他的下一步
宏偉工程，就是以語言學的隱喻和換喻來代
替潛意識的活動規律。

　　佛洛伊德將夢視爲「通往潛意識的捷
徑」。潛意識既是夢的思想（隱夢），也是
將夢的思想轉化爲夢境（顯夢）的過程。透
過自由聯想可以將夢的思想由顯夢背後揭示
出來。但要接近夢，只有依靠夢者的敍述
（言語），儘管在敍述夢時，「眞實的」夢
總要經歷變異，但對夢境的任何遺忘和懷疑
也都是潛意識訊息的一部分。拉岡認爲，潛
意識的夢的思想和語言中的「能指」一樣是
相互聯繫的，而夢的工作的潛意識操作
——凝縮、移置和象徵等則是隱喻和換喻的
等價物。在拉岡看來，夢就是畫謎

（rebus），其中每個圖畫式的要素都帶有象
徵性的或雙關的含義，因此，顯夢就是一些
有待我們去猜出謎底的事物，它像那些以散
亂的圖片的形式提出的謎語一樣，其中每個
畫出的部分就代表一個字，而一個接一個被
猜出的許多字，經過整理和聯綴，整體的意
思（夢的思想或潛意識）就出來了。顯夢或
者是夢的思想的高度濃縮，或者是夢的思想
的移置，因為存在凝縮和移置兩種作用，使
我們難以理解夢的真實意義，用語言學的術
語來說，即這兩個作用過程似乎為我們產生
了一系列的能指，而其所指的部分，則無法
固定在這些能指的下面。顯夢中的要素被聚
集在一起，每個要素或成分的意義只能從隱
夢的整體結構中獲得。拉岡還進一步指出，
夢 的 思 想 也 像 能 指 一 樣 是「漂 浮」的
（float），它們並不與任何特殊的所指因素
存在一對一的關係。也就是說，顯夢的每個
要素不只來自一個隱夢要素，每個夢的思想
也不只依賴一種顯夢要素進入夢境，顯夢與

隱夢之間存在多重決定的關係。

　　拉岡認爲，顯夢代替隱夢的形式，恰似語言學中的隱喻和換喻方式。因此，凝縮和移置這兩種主要的潛意識作用過程，可以用隱喻和換喻這兩個語言作用過程來替代。在此基礎上，他提出了「潛意識具有類似語言的結構」的命題。在拉岡看來，佛洛伊德對他自己的「植物學專論」之夢的分析可以清楚地說明夢的凝縮過程也就是一種隱喻。夢的內容是：「我寫了一本關於植物學的專論，這部書正擺在我面前。我翻閱到書中折皺的彩色圖片，上面粘著一片已脫水的植物標本，看來就像是從一本植物標本集裡取出來的一樣。」（佛洛伊德，1986，pp.78–79）。這個夢使佛洛伊德聯想到，在做夢之前的一天早上，他在書店的櫥窗內看到了一本植物學的專著，書名是《仙客來屬》。他又回憶起他以前確實寫過一篇關於古柯植物的專論，引起一位叫科勒的醫生對鴉片的麻醉性能的注意。從鴉片這件事，又使他聯想起幾

天之前在一本紀念文集中讀到了一段文字，
談到科勒在研究鴉片煙的麻醉性能方面所作
的貢獻。從這裡，佛洛伊德進而回憶起在做
夢之前的晚上，當他和朋友柯尼施泰因醫生
步行回家時，在談話中，這位朋友再一次責
備佛洛伊德，勸他不應過分沉溺於自己的嗜
好之中。於是他聯想起以前在讀大學時，他
經常有買書的衝動，試圖藉由閱讀各種專著
來掌握知識。他搜集了很多醫學雜誌，對裡
面的彩色插圖產生了深厚的興趣。

　　在夢中，佛洛伊德看到一本植物學專著
平放在他面前。使他聯想起做夢前一天收到
朋友從柏林寄來的一封信。朋友在信中說：
「我經常記掛著你所要寫的那本關於夢的
書。我彷彿看到你這本書現在已經寫成了，
並且正平放在我面前，我看到自己正在翻這
本書。」透過聯想可以看出，植物學專論作
為一個顯夢的核心，經由迂迴曲折的方式聯
繫著另外兩件事：(1)我的研究工作的性質或
成就（古柯鹼的研究）；(2)代價昂貴的藏書

嗜好（佛洛伊德喜歡一些學術專著和期刊，
這些醫學期刊裡的彩色插圖使他愛不釋手，
他熱衷於收藏書籍，為此欠了書商一筆幾乎
付不起的書資）。用圖示可表示如下：

顯現的內容	導論	
潛隱的內容	我的研究工作 的性質	我的藏書 嗜好

圖 3-1

　　在這裡，透過心理聯想鏈可以找出顯夢
與隱夢的相似關係，而在實際的夢中，就是
發生了一種凝縮，即用論文來代替另外兩件
相似的事件。這在拉岡看來實際上就是發生
了一種隱喻的能指替換，即用一個能指代替
另外一個相似的能指。假設S'/s'代指顯夢：
植物學專論；S/s代指隱夢：我的研究工作
的性質和我的藏書嗜好的連結。那麼用隱喻
的簡化圖表示該夢的凝縮機制就是：

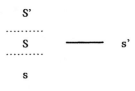

圖 3-2

　　經由這種分析我們可以說，夢的凝縮過程與隱喻的能指替換具有同樣的結構與機制。拉岡進而指出，佛洛伊德所謂的夢的凝縮過程所形成的「合成人物」、「群像」和「拼湊新詞」等與隱喻過程一樣，都是將眾多事物中的共同要素融為一體，而且這些事物只透過一個唯一的要素而在顯現的層次上被表現出來。

　　在佛洛伊德另一個叫「給艾爾瑪注射」的夢中，這種凝縮和隱喻關係的相似性更加清楚地顯示出來。此夢中的「M醫生」由兩個要素構成：「一個叫做M的人」和「佛洛伊德的長兄」。佛洛伊德作了如下分析：「M醫生實際上就是一個臉色常常蒼白而令

人擔心的傢伙，但他刮鬍子、跛行卻又使我想到這是另外一個人——我那位在國外的長兄，他經常是鬍子刮得最乾淨的人，他近日來信說，最近因大腿骨的關節炎而行動不便。但為什麼這兩人會在夢中合成一人呢？想來想去，唯有一個共同點——都對我所提出的意見提出異議，而使我與他們的關係極端惡化。」（佛洛伊德，1986，p.24）。在夢中，一個人物形象可以凝聚兩個或多個人的特徵，這就是夢的凝縮作用的結果。「M醫生」之所以滙聚了M和佛洛伊德長兄的特點，就是因為M與長兄之間有一種相似的關係。M醫生的形成也是一種隱喻的替換，如圖3-3和圖3-4所示。

　　藉由上述分析，拉岡得出結論：夢的工作的凝縮作用與言語活動中的隱喻過程基本吻合，因此可以說凝縮就是一種隱喻過程。

　　夢的另一重要工作即移置過程。移置是指一種表相的心理能量向另一種表相過渡，簡而言之，在顯夢中似乎是很重要的成分，

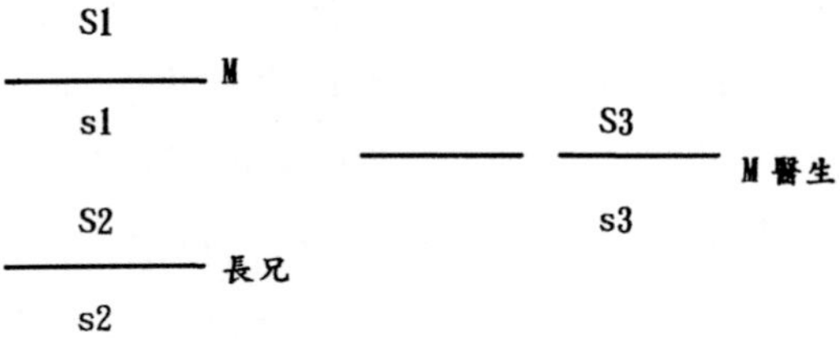

圖 3-3

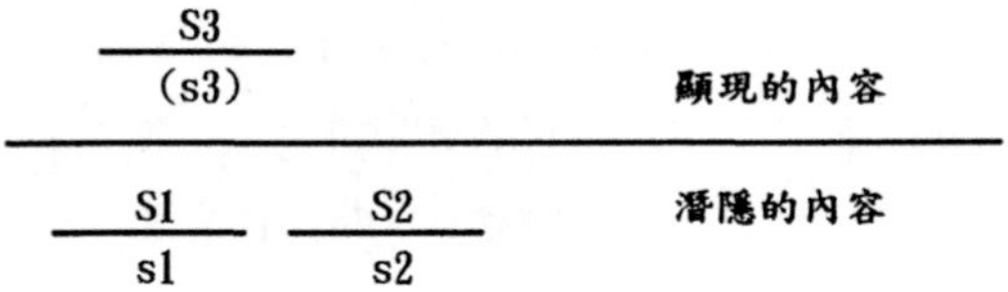

圖 3-4   相似的聯結

在隱夢內容中卻可能是無關緊要、無足輕重
的。反之亦然。透過移置,從而使隱夢的內
容進入顯現的層次(夢的過程之所以發生凝

縮和移置，完全是爲了躲避意識的稽查作用）。移置的過程實際上就是在顯夢的表相中發生了一種價值的逆轉。

　　移置的方式一般有以部分代替整體，或以果代因，以包含者代替被包含者等等。換言之，即一個能指可以表達另一個能指，兩者處於一種鄰接關係之中。同樣以「植物學專論」的夢爲例。在這個夢中，以植物學專論作爲顯夢的組成，滿足了佛洛伊德的一個願望：對柯尼施泰因的責備作出回應——寫一本有價值的內容豐富的著作——一本關於植物學的專著。爲什麼是植物學專著而不是其他的著作呢？這是與白天所發生的事情相聯的，而且與佛洛伊德早期的一項研究有關，即關於古柯鹼的論文。在做夢的前一天，佛洛伊德的朋友柯尼施泰因曾責備他過分沉溺於自己的嗜好中。而在兩人說話時又遇上了醫生格特納（Gartner）夫婦（在德文中，格特納也指園丁）。在四人的談話中，話題又涉及到了佛洛伊德以前的一個叫

Flora（羅馬神話中的花神）的女病人。佛
洛伊德稱讚了格特納夫人如花般的煥發容
顏。同一天，佛洛伊德在書店的櫥窗中看到
了一本關於仙客來屬的植物學新書。與植物
學相聯繫的是一系列潛在的能指：植物、仙
客來、花、園丁等等。這些能指之間都有一
種性質上的接近關係，透過這種鄰近關係組
合成了「植物學專論」這一顯夢內容。在佛
洛伊德看來，這個過程是一種移置，而拉岡
則從語言學的意義上將其稱為換喻，即透過
接近關係用一種能指代替原來的能指，原來
的能指的意義（所能）則不復存在了。

　　夢的工作中的凝縮和移置無論從結構、
機制還是過程方面來說，都與語言學中的隱
喻和換喻作用相一致。當然，夢中的能指相
似和接近關係不會像語言中隱喻和換喻那樣
表現得直接而明顯，必須透過心理聯想才能
使其明晰化。在夢中發現的潛意識與日常生
活的心理分析、壓抑和癥狀形成中的潛意識
是一樣的。在拉岡看來，癥狀就是一種隱喻，

欲望則是一種換喻。癥狀就是被壓抑的事物
的象徵或替代，欲望則是透過偽裝進入意
識。在前面對「植物學專論」之夢的分析
中，夢透過移置或換喻這種形式，表達了夢
者的願望，即寫一部專著，以回應朋友的責
備。拉岡透過把潛意識的構成機制凝縮和移
置與語言學中的隱喻和換喻等同起來，從而
證明了潛意識是像語言那樣構成的，它自己
的內在要素嚴整地聯繫著，像一個個「完整
的」的詞一樣。潛意識可比擬於語言的話語
或本文，其組成規則與語言規則類似。也可
以說，潛意識另具一套「文字系統」，它在
意識話語的空隙間穿行。在分析治療過程
中，病人訴述時的任何間斷、停歇、吞吞吐
吐都是潛意識的表現方式，分析者應剖析其
背後的象徵意義，使潛意識的話語結構逐漸
顯露出來。

　　拉岡認為，佛洛伊德的主要貢獻不在於
發現了潛意識的存在，而是發現它是一種結
構，這種結構以無數的方式影響著人類主體

的說和做，在暴露自己的過程中，它開始成
爲分析可接近的東西。而拉岡自己則把潛意
識看作一種「在其活動與效果上逃離主體的
語言（即無人稱的語言結構），並把語言與
言語主體區別開來。」（庫茲韋爾著，尹大貽
譯，1988，p.149）。對拉岡而言，潛意識是一
個自身（self）而不是一系列無秩序的衝
動。因此理解拉岡的潛意識的關鍵就是要把
它看作一種邏輯上的結構。拉岡就是要試圖
對整個精神分析的結構作出明確的說明。

三、潛意識是「他者」的話語

　　拉岡關心語言在人與人的談話關係中的
作用，即語言與主體間性的關係。他將精神
分析的治療會談（session or interview）
看作一種對話，是被分析者（患者）與分析
者（醫生）之間的話語交流。因此，他區分

了空的言語和實的言語，用以說明分析性對話中言語的變化。在拉岡看來，潛意識就是主體與主體之間的話語交流關係，即主體與「他者」的話語交流。拉岡所謂的主體就是在言語中表現出個體性的東西，它是個體的代用語（但拉岡從不使用個體概念，他所謂的主體是指掌握了語言的某種獨立力量），在分析性會談中，主體就是被分析者，而「他者」則是分析者。

　　拉岡在使用「他者」(Other)①時似乎有些隨心所欲，致使它在不同的語境中含義大不相同。它有時指具體的個人或實體，有時卻指一個抽象性的概念。總括起來，有如下幾種含義：(1)母親或父親。(2)潛意識，即佛洛伊德所謂的「另一個場景」（another scene），拉岡把「他者的場所」(the locus)、「說話的伊底的場所」稱為「能指的寶庫」（the repository of signifier），在這種場所中構成主體言語的可能性條件。所以一般情況下，我們可以說「他者」就是

潛意識的象徵性表述。(3)分析者與被分析者內在主體性的場所,即分析性的對話。拉岡認為,在此種情況下,「他者」是主體形成的一個處所,這個主體是聽他人進行談話的主體。(4)言語活動,能指的處所,象徵符號。按照拉岡的說法,在「他者」這個名詞下,所指的是符號結構的一個位置。(5)分析者。當主體獲得語言之後,他就會用言語將自己的需要轉化為要求,而言語活動的產生必須有聽眾。因此言語就意謂著在某一個地方,會有一個人可以滿足主體的要求,可以為他提供一種肯定的情況,一種絕對真實性。因此「他者」的含義之一,是指語言的場地,指主體所幻想的另外一個人,一個知情者,或曰分析者。對於「他者」的眾多含義,我們不可能一一列舉說明,只能在論述的過程中,根據特殊的語境關係,擇其一種或幾種意義使用。根據對「他者」的界定,拉岡才有如以下的表達:「潛意識是我自己的他者」,「潛意識是他者的話語」。

接著，我們以拉岡的一個圖例，說明主
體與「他者」的關係，並藉以闡明「潛意識
是他者的話語」的含義。

在圖3-5中，S代表分析的主體，相當於治
療中的被分析者，但又不是完整的主體。這
個不完整的主體總是滔滔不絕地說著，卻又
不知自己說了些什麼。正如拉岡所說：「通
常，他（主體）並不知道自己在說什麼，如
果他知道自己說了些什麼，他就不會在那裡
了。」（*Lacan,* 1988, p.243）。主體雖然處
於S這個位置，但他並不能在這個位置上把
握住自己。「主體在a點看到自己，為此他才
具有一個自我。主體可能會認為這個自我就
是他自己，此時的每個人都無法擺脫自我。」
（*Lacan, Seminar* Ⅰ, 1988, p.243）。

a是想像的自我。自我是一種想像性的
構成，既包括鏡像階段嬰兒的自我——鏡
像，也包括日後兒童的自我理想。自我的構
成離不開「想像的他人（a'）」的存在。自
我是主體透過其許多表現而投射出來的一個

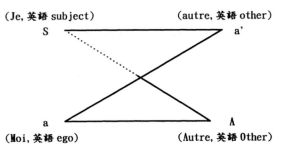

圖 3-5

「影像」（image），故自我只有透過a'或在
a'的目光下才能獲得其意義與價值。拉岡曾
明確地說：我們所談論的自我是絕對無法區
分想像的欺騙，這些想像的欺騙透過一個他
人和爲了一個他人，把自我從頭到脚地建構
起來，無論在自我的發生中與在他人的地位
中，或是在自我的功能中與在他人的現狀
中，都是這樣一個道理。因此，自我與主體
之間是一種想像的關係。

a'代表想像的他人，也就是他人主體的
想像的自我。兒童自我的形成就依賴於這個

「想像的他人」。「想像的他人」就是母
親，或兒童最初的欲望對象，也即是佛洛伊
德意義上的「伊底」表現範疇。在兒童自我
形成的鏡像階段中，兒童首先認識了母親的
鏡像，把母親與母親的鏡像同一起來之後，
才在此基礎上將自身與鏡子中他自己的影像
同一起來，獲得對自身同一性的認識，產生
自我意識。因此，主體是透過他人的形象而
達到對自己身分的辨認與確定。a'所處的位
置使他具有雙重身分：他既是主體自我的
「想像的他人(a')」，又是「他人的主體
(A)」的想像的自我。

　　A是他者，代表他人的主體。他是成年的
「另一個人」，是父親和象徵性的東西的處
所。

　　下面我們簡要分析一下圖中各種箭頭方
向所指出的主體間性交流秩序。aa'線是一條
想像的軸線，依賴於這條軸線一端的a'（想
像的他人），主體的自我a才確立起來。反過
來看，主體S與他人a'即主體與同類人的關係

也有賴於自我（a）。這是一個自我與他人
同一和他人與自我同一的辯證過程，也是黑
格爾的主——奴關係辯證法表現出來的一個
思想：自我與他人都是透過一個異化的發展
過程來確認自身的。

　　拉岡把由Ａ至Ｓ的軸線（Ａ→Ｓ）稱為
「語言之牆」（the wall of language），這
是一條潛意識的軸線。當一個主體與另一個
主體交流時，交流活動總要以a'a想像軸線作
為中介，即當主體（Ｓ）對他人的主體（Ａ）
講話時，話語首先達到的不是Ａ而是Ａ的想
像的自我（a'），即沿著Ｓ→a'這個方向。a'又
根據自我與另一個自我所建立的想像關係的
軸線，把主體Ｓ送回到它真正的自我a中去，
即a'——→a，這種關係是反射性的。因此，主
體不是在自己的位置Ｓ上與另一個主體Ａ直
接講話並認識自己，而是透過想像的他人a'
把自己降低到想像的自我a之中去，在這裡
接受來自他人主體Ａ的訊息。因此，當一個真
正的主體Ｓ與另一個真正的主體Ａ談話時，由

於言語活動所引起的劃分（說話之我和陳述
之我的分離），就變成了自我a與其同類另
一個自我a'的交流，主體間的對話便成了想
像中自我a與自我a'的交流，對他人說話實際
上成爲與他人進行默然的對話。由於語言的
中介作用，使主體S永遠無法直接達到他者
A。主體S在自我（a）中的異化都肇啓於語
言之牆所造成的那個想像的自我a。拉岡
說：「我們實際上是在對A1、A2講話，那些
我們不認識的人，是一些眞正的他者，眞正
的他人主體。……他們在語言之牆的另一
側，原則上說，我永遠也無法達到他們。從
本質上說，他們是每當我說一句眞正的言語
時所想達到的目標，但我總是經由反射而達
到a'、a"。我總是欲求與眞正的主體講話，但
我不得不滿足於他的影子。主體與他者（他
人 的 主 體） 被 語 言 之 牆 分 離 開 了。」
（*Lacan, Seminar* Ⅰ, 1988, p.244）
　　在圖3-5中我們看到，潛意識的軸線是由
A指向S，而且在遇到想像軸線時被迫中斷

了。從A發出的另一條線則直接到達了自我a（A→a），這是由想像軸線的阻斷與潛意識的作用造成的。如上所述，主體S與他人的主體A之間的交流實質上變成了想像的他人a'與想像的自我a的對話。主體S發出的言語未能到達A，而是直接到達A的自我a'，A在a'的位置聽到了主體S由a處傳來的言語。同樣地，S也在a處聽到A發自a'的某種言語，這種言語實際上是S自己的經過改變了的言語（在分析會談中，分析者或他者只是把被分析者或主體的話語返回給主體），S自己的言語經過語言的轉換，經過潛意識作用稍加改裝之後，以潛隱的方式返回S（A→S）。S卻未能意識到這一點。在從A到S這個象徵性的方向上潛意識起了作用，所以可以說「主體的潛意識就是他者的話語」。主體S聽到的不是別的，而是自己的言語。「訊息發出者以一種逆反的形式從訊息接收者那裡收回了自己發出的訊息。」（*Leavy*, 1977, p. 211）。因此對主體而言，他的潛意識就是

「他者」的話語，他者的話語實質上是主體
自己的話語的逆反形式。比如，當主體說
「你是我的主人」時，它所蘊含的意思是
「我是你的奴僕」。透過語言的轉換作用，
主體發出的訊息以潛隱的方式從他者那裡返
回主體處。利維把「潛意識是他者的話語」
這一命題總結為兩個方面：一方面，「他者
的話語」意味著關於他者的交流；另一方
面，這一命題也強調了分析者提供給病人的
是病人自己的潛意識。（*Leavy,* 1977, p.
211）

　　前文已經指出，拉岡區分了兩種言語類
型：空的言語和實的言語。前者接受自我的
秩序，並對他人（other）——想像的對手講
話，透過他人的主體被異化。後者是對他者
（Other）講話，它超越了自我所遵循的語
言，實的言語的主體即潛意識的主體——他
者。因此拉岡說：「潛意識是他者的話
語」。與圖3-5相對照，我們可以發現，a'—a
之間的交流是空的言語，處於想像界；而S

—A之間的交流是實的言語，處於象徵界。拉岡認爲，當主體眞正向著其潛意識中的他者講話時，其言語對精神分析者、對其本人才是有意義的，這種言語才是有意義的實的言語。

拉岡認爲，潛意識在言語中或在一個句子的形式上表現出來的，就是佛洛伊德所討論過的否認（negation）②。佛洛伊德認爲，被壓抑的意念或思想的對象可以透過被否認的條件進入意識。他舉了兩個著名的例子：(1)「你認爲我想說一些侮辱性的話，但實際上我並不打算說」，這句話的眞實含義是：「我想侮辱你」。(2)「在夢中我見到了某個人。她肯定不是我母親」。說話者實際要表達的是「她是我母親」。因此，否認是說明被壓抑事物的方式，它總是一種承認。簡言之，否認現象使潛意識的材料逃過自我的審查而表達了出來。從拉岡的觀點來說，否認證明了他者的存在，主體希望透過他者保持自身的差別。主體使用否認要說明的是，他

者不僅不同於主體,而且它正在想的和正在
說的東西也是錯誤的。無論話語中否認的是
什麼,它都是潛意識的材料。主體體驗的潛
意識就是拉岡所謂的「他者的話語」。比如
我們經常聽到這種辯白:「這些話不是我要
說的,是什麼人把它放進了我的嘴裡」。主
體透過否認使潛意識進入意識的話語。拉岡
的這一潛意識學說,既對佛洛伊德精神分析
學的自由意志論者提出了挑戰,它試圖說明
潛意識是生命力的基礎;同時也批評了只強
調「個體」的潛意識的實踐,這種觀點似乎
把潛意識看作一種特殊的占有物。在拉岡的
觀點中,潛意識不是個人的,而是人們共同
具有的一種心理結構,我們無法控制它。它
不是我們自身的原始的或低級的發出物(或
產物),我們無法給予它教育或訓練,潛意
識就是他者。它是早在主體產生之前就已存
在的,是與語言結構類似的心理結構。

　　當拉岡說「潛意識是他者的話語」時,
他把這樣幾種假定揉合到了一起:人類主體

是分裂（split）的；潛意識具有語言的結
構；他者棲居於主體之上；精神分析是一種
言語的變化。這就暗示了語言結構與主體結
構之間的關係，它們都是差異的連結，都沒
有中心，它們都包括無休止的移置，都沒有
完全或停滯之點。在拉岡看來，意識與潛意
識之間存在一個裂隙。這是一種日常經驗，
如我們害怕鬼的同時，理智上卻認為它並不
存在。拉岡還認為，當我們試圖掌握潛意識
時，同時也就將它失掉了。

　　總之，拉岡由「潛意識是他者的話語」
這一命題推論出，是潛意識操縱著主體的言
語表現，而且是繞過「我思」功能來操縱
的。因此，在拉岡看來，主體不是表達的主
體而是說話的主體。由此，拉岡進一步得出
一個驚世駭俗的結論：人是潛意識的主體。
這正是拉岡對人類主體中心論進行的一種消
解（deconstruction）。在這裡，拉岡已開始
從結構主義轉向後結構主義或解構主義。所
以當代的西方哲學家通常把拉岡看作是宣布

人對哲學家來說已經死亡的思想家之一。

註釋

①為了避免混淆，本文中凡是大寫的法文Autre或英文Other，均譯為「他者」；小寫的法文autre或英文other，譯作「他人」。

②法語Veleugnung，英語譯為disavowal或negation，漢語可譯為否認。巴什（M. F. Basch）把它定義為知覺與其意義的分離，並認為否認是透過公開暴露而進行隱藏的一種方式，是標準的防禦表現。拉岡認為，否認實際上就是一種承認。

第四章
說話的主體

　　人是說話的主體，而非表達的主體，這
是拉岡主體理論的主題，但這個主題並非一
開始就明確，而是伴隨拉岡思想的發展逐漸
形成的。

　　拉岡作為結構主義思潮的主要代表人
物，他在研究人的主體性問題時，也著重探
討其結構，並且把主體看作關係系統而不是
實體。拉岡的主體理論既受到心理學有關理
論的啓發，如瓦龍的兒童心理學對他的「鏡
像階段」理論的啓示；也吸取了佛洛伊德的
某些成果並加以改造，如伊底帕斯情結論、
自戀理論等；同時還借鏡了符號學、人類學
關於象徵理論的研究。

　　拉岡的主體理論是從發生學和結構學兩
個層次同時展開的。從發生學的角度而言，
它包括「鏡像階段」論和「伊底帕斯情結」
論。從結構學角度出發，拉岡又把人的主體
性分為三個層次：想像界、象徵界和實在
界。在不同的層次，主體亦處於不同的發展
階段。發生學和結構學兩個層次的分析恰似

兩條時而平行時而交叉的河流,既有區別又
互相補充。

一、鏡像階段與自我的形成

　　鏡像階段論是拉岡理論體系的核心內容
之一,也是他的主體理論的基礎和關鍵。提
出鏡像階段理論是拉岡進入精神分析領域後
的第一個創見和貢獻。鏡像階段的初次提出
是在1936年的第14屆國際精神分析學大會
上;在1949年召開的第16屆國際精神分析學
大會上,拉岡重又以此主題作了大會發言,
題目為〈鏡像階段作為精神分析經驗揭示出
的我(Ⅰ)的功能之形成〉,該文後來被收
入拉岡《文集》。
　　拉岡的鏡像階段論的提出,既是他自己
研究工作的總結,又有心理學和精神分析學
的來源。鏡像階段首先來源於拉岡對女性偏

執狂犯罪動機的研究，它是人格形成中的一個主要階段。在1926—1933年這段時間，拉岡潛心研究精神病婦女及其暴力行為。作為一個超現實主義者，他沉迷於靈感和偏執狂的寫作風格；而作為一個精神病學家，他更關心偏執狂犯罪的動機，即犯罪動機與人格的關係，這正是他的博士論文的主題。在這段時間，他對兩個曾在法國轟動一時的著名案例作了精神分析學的分析。其中一個是愛米亞案例，對這個案例的分析構成了他的博士論文的一部分；另一個是巴班（Papin）姐妹的殺人案。

　　「愛米亞」這個名字是一個精神病患者給她第一本小說的女主角所取的名字，拉岡以此代指這個病人。愛米亞是一個38歲的鐵路單位的職員。一天晚上，在巴黎的一家劇院裡，當一個著名的女演員走進來時，愛米亞莫名其妙地衝上去，用刀子刺傷了這位演員。愛米亞被捕後又被送進了醫院。她不斷地堅持說這個演員和另外一個人一直在散佈

關於她的謠言。但她又承認從未見過這位演員。愛米亞具有文學抱負，但她的小說和詩歌卻被出版商一次次地退回。當她精神病嚴重發作時，可以寫出大量的詞藻華麗的作品；而當她的癥狀減輕時，創作也近乎停止了。

　　正是愛米亞這一不尋常的寫作特點引起了拉岡對愛米亞案例的興趣。他認為，愛米亞表面謀殺演員，實際上只是襲擊了一個她所理想的婦女形象：享有社會地位和權力。這正是她經由文學所追求的東西，希望成為一個富足的、具有影響力的作家。女演員代表愛米亞的人格理想，是她要達到的人生目標；因此也是她的「鏡像」，是她努力求得認同的他者。但是當愛米亞的文學實踐失敗後，這一理想與她的自我的距離和虛幻關係就暴露了出來。這一「鏡像」所反映的不是一個完美統一的自我，相反地，它映襯出自我的另一面，即缺失（absence）和匱乏（loss）的前鏡像狀態，並激起焦慮與仇恨的負面體

驗。因此從偏執狂求同失敗後湧現出的自我
是一種極度分裂的人格。這使她嫉妒成功的
婦女，並幻想她們將要迫害她，因而反過來
攻擊她的理想的化身：一個代表她的自我理
想（ego-ideal）的演員。

按照拉岡的觀點，愛米亞所患的是迫害
性妄想症，當她犯了罪並被監禁起來之後，
這種妄想便消失了。在她妄想背後的願望是
一種為了消除其犯罪感的潛意識的自我懲
罰。因此，愛米亞的精神病就是佛洛伊德所
謂的「自我懲罰性偏執狂」，即主觀上體驗
到一種犯罪感，藉由實際的犯罪可以減輕犯
罪感帶給主體的精神壓力。拉岡總結說，愛
米亞對演員的攻擊，實際上是透過攻擊她的
理想（化身）而懲罰自己的一種手段。愛米
亞癥狀的根源是一種「確認」的困難：儘管
她已是成年人，但她仍然處於自我與他人的
混亂狀態，而沒有獲得正確的認同。在愛米
亞的一生中，她既沒有發展成為一個獨立的
女性，也從未與一個個不同的他人分開過。

這些他人先是她的母親,後來是一個沒落的
貴族,再後來是她的姐姐。對於她的姐姐,
她是異化的自我,愛米亞戴著一付仇視的盔
甲。她最終在妄想和虛幻的支配下離家出
走:她感到某一個名妓和演員將要謀害她,
因此她決心對此採取行動。拉岡寫道:這一
個女性迫害者實際上僅僅是她姐姐的新的影
像,病人將她的姐姐當作了自己的理想。換
言之,她們只是愛米亞自戀的俘虜。拉岡把
愛米亞的行為稱為「自戀自殺式的攻擊」
(narcissistic suicidal aggression) ,即對
他人的攻擊實際上與自我的狀況密切相關,
是自戀行為的變體。

　　與愛米亞的案例相類似的是巴班姐妹的
犯罪。巴班姐妹即克莉斯丁娜・巴班和蕾亞・
巴班。她們是法國Le Mans鎮上兩個勤勞
的、任勞任怨的女僕。但在1933年2月2日的暴
風雨之夜,當女主人及其女兒外出歸來並無
故訓斥她們時,她們卻一反常態,殘忍地殺
害了女主人安瑟琳夫人及其女兒。這個案件

震驚了整個法國。不久，拉岡寫成〈偏執狂犯罪的動機：巴班姐妹的犯罪分析〉一文，從精神分析學的角度對之進行了分析。他提出巴班姐妹的犯罪根源是她們之間的親密關係，而被捕後二人的分離又是克莉斯丁娜譫妄的原因。他認為這兩姐妹在一起時尋找到了快樂，而在謀殺時發現了一種令人可怕的迷狂的形式。克莉斯丁娜說：「我確信，在另一種生活中我將是我妹妹的丈夫」。拉岡認為，實際上，在現實生活中她已經這樣做了。她們「雙雙瘋狂」的根源是「難以分成兩個人」，她們不能將自己與另一個人區別開，直至另一個人消失。在這種背景下，發生了同一性的缺失和瘋狂。由此可見，拉岡的評論在很大程度上依賴於佛洛伊德對偏執狂的討論。佛洛伊德認為偏執狂在部分上是對同性戀的防禦，是一種否認（disavowal）的過程，它產生了迫害的虛幻，而且產生了把所愛的人與迫害者認同。

　　在拉岡討論的上述兩個案例中，自我和

他人極輕易地合併起來，而且性關係變得不確定。愛米亞和巴班姐妹案例之共同點就是犯罪：一個無名的人物突然做出了衝動的、違反社會準則的行為，她們的行為在很大程度上使社會處於茫然的境地。法國的另一位精神分析學家克萊芒（C. Clement）認為，連結克莉斯丁娜、蕾亞和愛米亞之間的相似性，即她們作為婦女的地位：「正如婦女可以獨自體驗出神而毋需知道它的性質一樣，因而這些婦女能夠以潛意識行為徹底地表現其衝突，把她們所有的緊張釋放出來並決定其命運……對於潛意識行為表現，儘管它可能是危險的，也是如此怪異的，但它也是屬於治療學的。當衝突變成一種行為、一個事實之後，衝突就不再存在了」（*Clement*, 1983, p.71）。在克莉斯丁娜和蕾亞的雙雙瘋狂中，在愛米亞的一系列面具（persona）中——在那裡她將自己認同為不同的對象並試圖摧毀她們，拉岡抓住了人格形成中一個主要階段的關鍵點：一個人不再等同於其母親

語言的潛意識應答，在這一過程中語言獲得
了極大的力量。比如，催眠者可以透過語言
的描述，使被催眠者在咬了一口檸檬後卻是
體味到又甜又脆的蘋果的滋味。催眠者還能
藉由語言嵌入一種聯繫，使被催眠者在醒來
後，一聽到某人的口哨聲就像狗一樣叫起
來。佛洛伊德認為，在上述情況下，當真正
的原因逃離了意識的知覺時，一個人會毫不
猶豫地試圖找出另一種聯繫，儘管他相信這
種聯繫是錯誤的。換言之，當看不到兩個事
件之間的真正聯繫時，人們就會填補這一
「溝壑」（gaps）。因此，自我似乎在伊底
的強迫之下去製造錯誤的連結，（意識的）
自我與歪曲和注釋（讓人原諒，給出滿意的
解釋）聯繫了起來。拉岡注意到了佛洛伊德
研究中的這一問題，並據之提出了鏡像階段
中自我的功能。他認為自我被強迫性的錯誤
聯結結構化，自我的核心功能就是誤認。

　　拉岡的「鏡像階段」概念直接藉自法國
兒童心理學家瓦龍（H. Wallon），並以精

神分析學的術語給予重新解釋。鏡像是兒童
心理學中研究嬰兒的自我意識時使用的方法
之一。最早使用此方法的是達爾文（C. Darwin）、提德曼（D. Tiedemann）和普萊爾
（W. Preyer）等人，他們透過觀察嬰兒對
鏡子中自己的形象（即鏡像）的反應，來確
定自我意識發生的時間。瓦龍的「鏡像階
段」建立於嬰兒與類人猿的比較之上。他發
現，一定年齡階段的嬰兒和類人猿一樣，都
可以對其鏡像做出反應，類人猿經過練習之
後可以將一個和它一樣的東西揀出來，但是
它一旦掌握了這個觀念之後便厭煩了。相反
地，人類嬰兒卻在鏡像的活動與它們自身的
活動之間看到了一種聯繫——鏡像即自我。
拉岡不僅接受了瓦龍的鏡像觀，而且把鏡子
發展為一種象徵性的東西。鏡子在拉岡的理
論中也是一個隱喻，它可以指母親、他人。
拉岡的鏡像階段發展出了一種自我與他人的
想像的二元關係（dyadic relationship）。

　　拉岡認為人類嬰兒是「早產的」

(prematurity)　(*Sarup,* 1992, p.64)　，在
出生後很長的一段時間內，由於嬰兒的神經
系統尚未發育成熟，無法隨意支配自己的四
肢，也無法控制和協調自己身體的其他部
分，處於「動力無助」(motor　helpless-
ness)　或「無力」狀態。這段時期，嬰兒充分
體驗了身體功能的不健全以及肢體之間的不
協調所引起的不安和焦慮。這種「破碎的身
體」深深印刻在嬰兒的心靈之上，並有可能
進入其成年之後的夢境之中。但是當嬰兒發
展到6個月時，隨著視覺器官發展到一定程
度，嬰兒開始進入鏡像階段，它透過鏡像認
識自己，認識自身的整體同一性，鏡像階段
是嬰兒生活史上的第一個重要轉折點。鏡像
階段發生於6—18個月的嬰兒身上，這時，儘
管嬰兒還不能完全控制它的身體的活動，但
能首先把自己想像為一個連續的和自我控制
的整體。

　　鏡像階段基本上要經歷3個時期：(1)嬰
兒在母親（或他人）的抱持下，看到了鏡中

自己的影像，卻把它視爲一個現實的事物，
或者說只是把自己的影像當作一個可與之進
行遊戲的伙伴來看待，他還不能區分鏡像與
己身、他人的鏡像和他人的差別，即還未將
自己與外界其他對象區分開來，這個時期，
嬰兒基本上是把自我與他人混淆起來的。(2)
稍後，嬰兒發現鏡像不再是一個現實的事
物，而僅僅是他人的影像。這時，嬰兒表現
爲一會兒看看抱著他的母親，一會兒看看鏡
中母親的影像，然後高興地衝母親笑一笑或
發出興奮的「咿呀」聲，因爲他可以區分母
親與母親的影像了。其結果是嬰兒與母親的
分離，即嬰兒不再把自己與母親視爲一個整
體。從此以後，嬰兒可以把影像從他人中、
從他人的現實性中區分開來，但它還不能區
分自己與自己的鏡像，即它還不認識自己。
(3)最後，嬰兒終於發現鏡像就是自己的影
像，如自己張嘴，鏡像也在張嘴，鏡中的影
像按照嬰兒本身的動作作出反應，嬰兒臉上
露出興奮的表情，並發展出一種想像的能動

性和完整感。嬰兒對這個鏡像產生了自戀的認同。嬰兒初次掌握了一種完整的身體感覺，初步確認了自己身體的同一性與整體性。這就是鏡像階段中兒童對自我的辨認。

　　拉岡指出，從精神分析學的角度而言，鏡像階段是一個關鍵性的時刻，這是每個人的自我初步形成的階段。在鏡像階段之前，嬰兒還不理解自己的手、腳等等是自己的身體這一整體的一部分，但是透過對鏡中影像的認識，他開始掌握了一種完整的人體形式。鏡像階段的結果是，使嬰兒從一個混沌之物發展為一個心理化的個體。正如拉岡所說：「鏡像階段是一幕戲劇，其內在動力迅速地從缺乏（insufficiency）轉向預期（anticipation）——主體陷入空間同一性的誘惑中，這幕戲劇為它製造出一整套幻想，從破碎的身體形象一直到我們稱之為被矯正過的、完整的外形——直至最後主體戴上了異化認同的盔甲，這幕戲劇的嚴密結構將塑造出所有主體的未來心理發展。」

(*Lacan,* 1977, p.4) 。

　　拉岡說，嬰兒在鏡前的自我認識就是
「我」的初次出現，這個過程同時是一個認
同的過程，因爲在自身獲得確立的一刻，一
個外在於自身的第二者（嬰兒的鏡像）已經
存在，因而這個過程他又稱之爲「一次同
化」（first assimilation），即嬰兒與鏡像
合一。對於主體的同一性來說，他的身體在
鏡中的影像是一個具有結構化能力的因素
（使原先支離破碎的身體構成一個整體），
藉由這種結構化作用，主體終於形成了自己
基本的人格同一性。拉岡的弟子萊麥爾把這
一初次出現的自我界定爲「具有逆反結構
的、外在於主體並被對象化的鏡像」
(*Lemaire,* 1977, p.178) 。因而鏡像階段的
自我，只是嬰兒的鏡像，是他的身體的反射
影像。這個影像是虛構的，因爲它隱藏或凍
結了嬰兒動力協調的缺失，以及它的驅力的
不完整性。拉岡說，「就像一條無限接近零
但永遠達不到零的曲線，兒童的自我概念永

遠不會與他的存在切合（match up）。它從鏡中看到的格式塔比他所是的更小更穩定，這個格式塔是在兒童能夠理解它之前就施加於他的某種外在於他的東西。它使兒童在還不能控制自己的身體時產生了能控制自身的幻想」（*Sarup,* 1992, p.65）。嬰兒對自身的認識，實際上只是一種誤認（misrecognition）①。嬰兒鏡中的影像的完整性，仍然不能取代或解決嬰兒的軀體在這個時期所受到的運動局限性（它仍然要靠母親的扶持）。這個時期的誤認在嬰幼兒的行為中也有表現。如當面對另一個與自己相同大小的幼兒時，它往往主客不分。舉手打人的，會以為對方打他；看到另一個幼兒跌倒，自己會哭起來。在拉岡看來，鏡子只是一種象徵性的說法，他人也具有鏡子的功能。一般情況下，我們每個人往往藉由他人而認識自己。在拉岡的精神分析學中，自我應當理解為一種「鏡中的我」，一種他人眼中的「我」，或者是我們所願意讓別人見到的一種「我」。

此外，鏡像階段對自我的整體性認識，是一
種想像的虛幻層面的認識，他的自我認識建
立在虛幻的光學影像之上，透過對另一個完
整身體的確認而形成，這個完整的客體是一
個想像的目標，一種理想化，它與嬰兒的虛
弱是不相適應的。因此這個時期嬰兒對自己
的認識只是一種「想像的認識」，自我與其
影像的異化關係處於拉岡所謂的想像界。它
是前語言的、前伊底帕斯期（pre-oedipus
phase）的領域，在其中鏡像使主體陷入一
種幻想的完整性的理想之中。

　　拉岡還強調指出，鏡像階段既代表了一
種誤認（鏡中的嬰兒只是一個影像，並非是
嬰兒本人），同時也體現了一種複雜的時態
性。鏡像階段的嬰兒，本身仍缺乏獨立行動
的能力，它是在缺乏能動性的基礎上，透過
想像提前展現了自己對軀體的駕馭。與此同
時，既然鏡像階段是嬰兒自我認識的起點，
那麼他在此之前對自己軀體的支離破碎的不
完整感覺，顯然是在鏡像階段之後產生的，

也就是鏡像階段既體現了一種向前的展望作用，也體現了一種向後的回溯作用。正如美國女學者蓋洛普（J. Gallop）所指出的：「鏡像階段是一個決定性的時刻。不但自身從這裡誕生，『支離破碎的軀體』也是從這裡誕生的。這個時刻，既是往後所發生的起源點，也是在此之前所發生的起源點。透過前瞻，它為我們產生了未來；透過回溯，它為我們產生了過去。可是，鏡像階段本身卻是一個自我誤認的時刻，是一個被虛幻的影像所迷困的時刻。因此，我們可以說，未來和過去都是根植於一種虛幻錯覺之中」（*Gallop,* 1986, pp.80-81）。在我們的認識過程中，經常會受到類似鏡像階段條件的制約。比如我們對某種理論的一次論述，可以說就是一次鏡像階段的論述：我們彷彿提前掌握了充分和完整的意義，然後藉由回溯的作用，我們又看到了這一最初論述的支離破碎的地方。因而我們的論述活動可以說充滿了無數個鏡像階段。人的認識過程就是一個

他從未加以詳盡系統的闡述。精神分析學中
的伊底帕斯情結概念是透過對親子（父子、
母子、父女、母女）情感關係的研究，來描
繪兒童主體的形成過程。按照佛洛伊德的觀
點，伊底帕斯情結出現於兒童性欲發展的第
三階段「陽具欲期」（phallic phase, 3-4
歲）和潛伏期（latent phase, 6-11歲）之
間，約在3歲至6歲之間。在前伊底帕斯情結時
期，幼兒的力必多貫注（cathexis）集中於
自己的身體的某一部分；而在此時，力必多
貫注開始指向外部世界的對象。受生活環境
的制約，幼兒指向外界的第一個對象便是與
他（她）親密無間的母親。最初，無論男孩
還是女孩與母親的關係都是一種「男性化
的」（masculine）關係，即他（她）都依戀
於母親的哺乳和愛撫，但是一旦性別角色產
生以後，他（她）們與母親的關係就會發生
變化，伊底帕斯情結便產生了。這一情結的
積極表現形式就是：兒童對異性父母有一種
依戀態度，而對同性父母則有一種忌恨態

度；男孩特別偏愛母親，試圖獨占母親的愛，把與他分享母親的愛的同性父母——父親視爲競爭對手，表示不滿和忌恨，甚至仇視。這種「戀母妒父」的本能傾向稱爲「伊底帕斯情結」。與此相反，女孩則對自己的父親異常深情，而把母親視爲多餘的人，並希望自己取代母親的位置。女孩的這種「戀父嫌母」的本能傾向，可稱爲「愛列屈拉情結」（electra complex）或女孩的伊底帕斯情結。在所謂的消極的伊底帕斯情結中，兒童愛著同性父母，卻怨恨異性的父母。

佛洛伊德強調伊底帕斯情結的普遍性質，強調「人的一切存在都以控制伊底帕斯情結爲己任」。佛洛伊德最初認爲，導致伊底帕斯情結衰退的重要原因是社會道德觀念對它的壓抑作用。進入潛伏期之後，兒童關注著外界對象，愛戀對象轉移到外部，社會文化觀念開始滲入其意識之中，社會倫理道德和審美情趣逐漸萌發，陶冶著兒童的情操，因而羞恥心和道德的、美感的理想化要

求壓抑著兒童對異性父母的亂倫欲望。超我
逐漸形成和發展起來，迫使兒童逐漸放棄對
異性父母的依戀，並認同同性父母的形象和
地位。佛洛伊德認為，伊底帕斯情結是欲望、
壓抑和性別認同的核心，是主體形成的關
鍵，伊底帕斯情結展現了道德、良心、法律
和所有權威形式的開端，他認為兒童的成熟
和成長是以成功地解決伊底帕斯情結為標誌
的。

　　1924 年，佛洛伊德認識到閹割情結
（castration complex）在解決伊底帕斯情
結中的重要性。他發現閹割情結是一個獨立
的情結，它打碎了伊底帕斯情結，並創立超
我作為它的代表。在父親、母親和兒童三角
關係（triadic relationship）中的每個人的
地位都受伊底帕斯情結和閹割情結的控制。
佛洛伊德相信閹割恐懼是一種種系發展的產
物。「我認為，在人類家庭發展的史前期階
段，閹割本身很可能是一種事實。至於小女
孩，我們知道，她們覺得太受妨礙……，因

此便產生了做男人的願望,這種願望在後來的女精神病人身上再度出現」(佛洛伊德,1984,pp.181-182)。閹割情結對於兩性的作用顯然不同。在男孩方面,閹割情結強迫伊底帕斯情結解體;而在女孩方面,閹割情結則是伊底帕斯情結形成的前提。即當女孩意識到自己與男孩不同時(缺少男孩的生殖器),她便對使之處於不利地位的母親產生抱怨,並將其愛戀對象轉向似乎具有陽具(phallus)的父親,形成女孩的伊底帕斯情結。閹割情結造成的壓抑使兒童的力必多貫注向兩個方向發展:一是力必多能量被積累起來並可能使其脫離性目標本身而轉向其他方面,昇華(sublimation)為更高級的文明,實現個體與社會文化的連結。「在佛洛伊德那裡,文化是人自己壓抑自己的性欲,首先是壓抑伊底帕斯情結並使之昇華的結果。」(波波娃,1988,p.10)。另一方面是力必多能量被壓抑並可能使性活動倒退,回到前伊底帕斯情結期的某一階段,而形成某種

神經症或精神病。

從20世紀50年代中期開始至60年代初期，拉岡發展並修正了佛洛伊德關於伊底帕斯情結和閹割情結的觀點。這種發展和修正使他的觀點與佛洛伊德產生了很大差異，因為他更積極的地方是在「象徵」的意義或層面上對這兩種情結加以研究，而且他更重視閹割情結的作用。拉岡認為主體性和欲望是社會的產物，而非自然或發展的結果。主體性的發展歷程起始於鏡像階段，終止於伊底帕斯情結或父親的隱喻階段。拉岡引入「父親的名字」和「陽具」等隱喻。「父親的名字」代表法律，體現著陽具的力量和閹割的威脅。「陽具」使兩性隸屬於象徵界。兒童欲在社會——象徵的秩序中占據一席之地，擁有一個名字和一個講話的位置，必須首先接受父親的權威和生殖地位。拉岡對伊底帕斯情結的論述，也是以主體間性的關係為基礎的，並重視它的「結構化功能」（con-structive function）。

㈡拉岡的「伊底帕斯情結」論

對拉岡而言，伊底帕斯情結期是幼兒透過意識到自己、他者和外界的區別而逐漸使自身「獲得主體性」的時期。在這個時期，幼兒開始服從由「父親」注入人的生活中的「法」的影響，進入由語言符號組成的象徵秩序之中。拉岡的伊底帕斯情結論並非純粹生物學上的探討，因而缺少嚴格的時間性，如果必須給出一個時間界限的話，我們可以說它的發生時間與佛洛伊德確定的時間大致相同，即大約發生於兒童性欲發展的第三個時期——陽具欲期，約在3-6歲期間。雖無嚴格的時間界定，但拉岡把伊底帕斯情結的發展過程分成了3個階段。

伊底帕斯情結（在此主要探討男孩與父母之間的關係，女孩的愛列屆拉情結只作附帶說明）的第一階段即母——嬰二元關係的階段，兒童認同母親的欲望。在語言出現之前或在鏡像階段，兒童與世界的關係是直接

的,中間並無其他中介成分。兒童與母親之
間是一個交融未分化的統一體。兒童吸吮母
親的乳汁,安然地接受母親的愛撫。兒童的
欲求從母親那裡得到滿足的同時,他也幻想
著母親從他這裡獲得了欲望的滿足。換言
之,兒童與母親之間的直接情感關係使兒童
把自己看成是母親所缺少的欲望對象——陽
具,並認為自己是唯一的這樣一個對象。因
此,在這種意義上,我們可以說兒童與母親
之間存在著一種交融的未分化的關係。拉岡
指出:在最初的階段,嬰兒的欲望不僅在於
希望得到母親的接觸、得到母親的照顧,他
也同時希望自己是母親的一切,希望母親的
生活以他為中心。他甚至在潛意識中希望自
己能夠成為母親的補充部分,他是母親的欲
望的欲望,而為了滿足這一欲望,他要認同
這個欲望對象,即要認同這個陽具。在這個
時期,嬰兒一方面認同了母親的欲望對象,
而在另一方面,他自己也處於一種匱乏狀
態,因為他還沒有掌握語言,還未能成為一

是一個男人,也是「法規」的代表,兒童在
與父親或父親的法規接觸時,便遇到了閹割
的威脅,這時如果母親承認並服從了父親的
法規,兒童(主體)也不得不接受父親的法
規,把父親認同為滿足母親欲望的人,而兒
童原來所想像的作為母親匱乏的補充作用,
則被剝奪了。這個過程,實際上就是兒童在
語言的層面上經歷了一次閹割,父親將他和
母親強行分隔開來。

伊底帕斯情結的第二階段對於兒童進入
法規的象徵化時期是一個不可或缺的先決條
件。拉岡在此引進了「父親的名字」或「父
親的隱喻」(paternal metaphor)術語,代
指父親的法規和父親的壓抑。拉岡之所以引
進「父親的名字」或「父親的隱喻」,目的
在於強調他的象徵秩序的觀點。因此,這裡
的父親已不是現實生活中真實的父親,它僅
代表一個位置或一種功能,在生活中行使著
父親職權的舅父、教師等也在「父親的隱
喻」之列。父親是象徵的父親,「父親的名

字」就代表一種法規，一種家庭和社會的制
度。因而，兒童對「父親的名字」的認識，
實際上就是對文明社會的一套先他而存在的
法規的認識。在這種認識過程中，拉岡強調
語言所起的作用。他認為，父親只能藉由他
的一套法規來體現他的存在，而這套法規就
是他的言語，但是，只有當母親對父親的
「言語」表示認同和接受，這套言語才會具
備法規的價值。如果父親的地位受到質疑，
這個嬰兒就會繼續停留在屈從於母親之下的
這個階段上。既然父親成了「象徵性的父
親」，那麼不管真實的父親在不在家庭中，
伊底帕斯情結也照樣可以完整地構成。拉岡
指出，「父親的名字」具有至高無上的制衡
作用，兒童只有習得或掌握了「父親的法
規」才能逃脫與母親十分有力的想像關係，
使自身發展成為一個主體。反之，如果他不
接受這一法規，或者說，母親並不承認父親
的法規地位，那麼，兒童就會認同母親的匱
乏，屈從於母親的欲望之下，他會仍然停留

於伊底帕斯情結的第一階段之上，渴望成爲
母親的欲望對象。假若兒童的主體性未能合
理地建構起來，在日後就可能患精神病。

　　在這裡值得一提的是，拉岡關於伊底帕
斯情結的研究引起了女權主義者的極大興
趣，在她們看來，拉岡所重視的閹割情結和
作爲欲望的能指的陽具，這兩種機制使得性
關係在父權制度下被組織起來，這項發現刺
激了女權主義者的戰鬥激情。然而，拉岡使
用兩者的目的，主要在於證明主體是在藉由
缺失或匱乏的體驗才得以產生的，「即主體
誕生於分離」。人類的主體在分離的背景中
被創造出來，閹割分離是最基本的一種背
景。這不由得使我們回想起西方關於男女創
生的神話。在西方神話中，男女兩性原本是
一個統一的整體，後來被分爲兩半。每一半
作爲不完整的部分都在急切地尋找著另一
半，因而男女兩性成爲充滿欲望的部分存
在。閹割情結無論對女孩（認識到一種缺失
而導致陰莖嫉妒）還是對男孩（發現與母親

的伊底帕斯統一是不可能的）都凝固著一種
缺失或匱乏的意識，男女兩性就創始於這種
匱乏。拉岡繼承了佛洛伊德的陽具觀，同時
賦於它新的符號功能。陽具成爲彌補兩性缺
失的一個象徵物，它無論給予男性還是給予
女性都能使之統一爲一個整體。換言之，陽
具具備統一的結構化功能，而且能修補由閹
割造成的和「父親的法規」構成的創傷
（damage）。

　象徵性的父親引入了法的規則，尤其是
語言系統的法規，使兒童開始接觸到「父親
的法規」。這項接觸動搖了兒童所處位置的
全部基礎。正是這個過渡性的、但卻是極其
重要的階段，使兒童過渡至第三個階段，即
對父親的認同階段。因此，伊底帕斯情結的
第三階段可稱之爲認同父親與「父親的死
亡」階段。這一階段是「伊底帕斯情結」正
式衰退的時期。兒童與父母的關係發生了質
的變化，兒童習得了父親的法規，承認父親
的象徵地位，接受了只有父親才具有陽具，

只有父親才是母親的欲望對象這一事實。從
此以後，父親不再是他競爭的對手，而是兒
童學習、模仿和認同的對象。兒童不再試圖
成為母親的欲望對象，而是以此為代價，獲
得與父親的認同（恰似鏡像階段對母親的認
同），從而確立自己獨立的主體性人格。兒
童與父親的認同是他的主體性發展過程中的
「二次同化」（second assimilation）（嬰
兒與鏡像的同一是「一次同化」）。同樣，
女孩則認同了母親的形象，並試圖從父親那
裡獲得賜予。從此，獲得主體性的兒童便可
以從社會的自然狀態進入到文化的象徵秩序
中去。

　　在此不應該忽視，拉岡所謂的對父親的
認同，主要是透過語言的作用實現的，即習
得「父親的名字」、「父親的法規」。「父
親的名字」作為父親的法規的體現和精神，
制約著兒童的言行，由於父親的出現和介
入，打破了兒童與母親之間的親密關係，使
兒童在語言的層面上或象徵秩序中經歷了一

次閹割。同時，「父親的名字」的出現也象
徵著父親的「死亡」。佛洛伊德在《圖騰與
禁忌》一書中證明伊底帕斯情結是道德和宗
教的起源，他認為在原始社會中，兒子只有
在謀殺了專制的父親之後，才能有機會與女
性結合。為了表示懺悔，兒子們找到了一種
圖騰，並把它們作為父親的化身進行頂禮膜
拜，這便是圖騰與宗教的起源，因此，當父
親成了圖騰之後，他便死亡了。同樣地，拉
岡按照佛洛伊德的方法，當詞（符號）來代
替事物時，就是詞取代物的過程，詞宣布了
物的「死亡」。兒童進入象徵秩序，認識並
掌握了「父親的名字」或「父親的隱喻」，
這就是一個宣布父親「死亡」的過程。因而
有論者認為，拉岡實際上等於用語言學來完
成了佛洛伊德當年用神話學所完成的工作。

　　拉岡關於鏡像階段和伊底帕斯情結的論
述，始終圍繞著主體間性的問題。兒童在鏡
像階段還未確立主體性，他（她）首先從母
親的鏡像中認識母親，進而認識自己。這一

階段主要是母親與兒童的二元關係。在伊底
帕斯情結期，父親介入母親與兒童之間交融
未分化的整體，使原來一對一的二元關係變
為三元關係，於是出現了鬥爭和衝突，鬥爭
的結果是父親的地位得到確認，三元關係重
新復歸於二元關係。伊底帕斯情結期是主體
性形成中的一個片斷或一個過程，在這個過
程中，主體開始接觸語言及語言的規則，開
始認識到自我、外界和他人的區別，兒童屈
從於語言的存在，並獲得其主體性，因此，
從鏡像階段開始的主體形成史到此告一段
落。伊底帕斯情結透過一個隱喻性的過程使
主體進入了象徵秩序。

三、主體三層結構說

拉岡提出的主體三層結構學說是對其主
體理論的結構學分析。它來源於其鏡像階段

論。1953年拉岡在一次研究班講演中指出：
「想像、象徵與實在是人類現實性的三大領
域」（杜聲峰，1988，p.160）。這是他第一次
明確提出想像、象徵與實在的三層結構之
說。在1974—1975年的講演中，拉岡又把三層
秩序排列爲：實在、象徵和想像。但從拉岡
理論的發展來看，想像界是最早提出的，它
根植於他的鏡像階段論，象徵界又源自想像
界，象徵界和實在界是在50年代以後才得到
了深入的探討和研究。因此，從邏輯順序來
看，這三界的排列也應爲：想像、象徵和實
在。當然，這三界又是相互交織在一起的，
它們重疊並存於主體內。「這三層秩序可以
看作存在的三種不同階段，它們儘管與現實
性相聯繫，但又獨立於現實性。每一秩序都
被賦於不同的功能。無論何時任一秩序的改
變都會影響其他秩序的重新定義。」
（*Sarup,* 1992, p.84）。

㈠想像界與自我同一性

　　想像界或想像秩序產生於鏡像階段，但

並不隨著鏡像階段的消失而消失，而是繼續
向前發展進入成人主體與他人的關係之中，
即發展至象徵界並與之並存。想像界由「幻
想」和「意象」（或映象）構成，一個意象
就是一種潛意識的映象，它調整著主體理解
他人的方式。鏡像階段中嬰兒在鏡前沉迷於
他的映象這一現象是一種典型的想像關係。
同時，想像秩序還包括前語言的各種結構，
例如兒童、精神病患者和性倒錯病人各式各
樣的「原始的」幻想。

　　對拉岡而言，自我產生於鏡像階段，它
沿著虛構的方向發展起來，因而自我與想像
界相聯繫，自我就是一種意象或影像。在對
鏡像階段的論述中我們已經看到，嬰兒在鏡
前首先將母親及其鏡像同一起來（母親及其
鏡像都是相對於嬰兒的「他人」），然後在
這一基礎上把自身與自己的鏡像同一起來，
終於確立了自己的同一性身分。但我們知
道，嬰兒認同的鏡像只是他的身體的一個影
像，是一個虛幻的存在。因而拉岡說，嬰兒

的理想自我就是其鏡像，它是在想像的基礎上建立起來的，屬於想像的秩序。拉岡對「想像」一詞的使用也是經常變化的，一方面它可作爲名詞使用，指映象世界；另一方面它也可以用作形容詞，指一種「誤認」性質。因此，想像秩序既是一個特定的時刻或階段（對自身的影像或某種原始意象的自戀性認同），也是一個不斷發展的過程（主體對任何對象的理想化認同，都是一種「想像的」關係）。此外，這種想像的關係既發生於主體內部（intrasubjective），也發生於主體之間（intersubjective）。在主體內部表現爲主體對自我的自戀關係；在主體間性的關係中，則表現爲主體間的相似關係。因而薩若普說：「在想像的秩序中，一個人對他人的理解是由他自己的意象所塑造的。被知覺到的他人（other）實際上或至少部分上是一種投射」（*Sarup,* 1992, pp.85-86）。拉岡認爲，既然自我是一種意象，那麼在精神分析治療過程中，關鍵不是讓患者

放棄他（她）的意象，或者像自我心理學家
一樣為患者重塑一個更好的意象——即分析
者的意象，而是要設法使患者認識其自己的
意象。

　　在想像界中，因為自我是沿著虛構的方
向或者說在「誤認」的基礎上被構成的，因
而自我僅僅是一個影像，是自我的理想，是
主體在鏡像階段經歷的一次前語言的異化，
自我是主體的異化部分。「主體期盼著理想
的鏡像我，但他又是被鏡像我銬住的俘
虜。」（*Morris,* 1988, p.200）。

　　綜上所述，我們可以看出，想像界是人
的個體生活或人的主觀性的領域，它在主體
的個體歷史的基礎上形成，是我們的文化環
境使個體形成其特徵的所有一切。想像界不
受現實原則支配，但卻遵循著視覺的或虛幻
的邏輯，因而在想像界的層面上形成的自我
是虛幻的，想像界是「妄想功能」、不現實
的幻想綜合。想像界執行著類似佛洛伊德的
「自我」的功能，是個體保持平衡、進行自

拉岡

我防禦（self defence）的手段。儘管想像界
也是一個未知的領域，但它可以在精神分析
揭示潛意識過程時被把握。拉岡說：「潛意
識是我的歷史用空白或幻覺作爲標記的一
章，是受檢查的一章。然而，眞相（潛意識
的眞實性）是可以恢復的，眞相往往寫在另
一些地方。」（*Lacan,* 1977, p.259；克萊芒,
1985, p.99）。「眞相」被保留在有關「我」
的各種遺物、檔案資料、詞彙和種種傳聞中，
即在各種文化的痕跡中。

　　想像界既是一個階段又是一個過程，它
誕生於鏡像階段並發展進入象徵界，與之纏
結在一起。象徵界對它具有組織和指向作
用。

㈡想像界與主體性

　　在本世紀50年代初期，拉岡受索緒爾和
李維斯陀及雅克愼等人的影響，把研究的重
心從鏡像轉移到言語活動，從而提出了象徵
界的概念。按照萊麥爾的解釋，拉岡所謂的
象徵界包括三類秩序：邏輯──數學、語

言、社會與文化的象徵現象。拉岡更為強調
後兩種秩序。他認為象徵界是由想像的主體
向真實的主體的過渡。幼兒大約在3—4歲左
右，隨著語言的獲得，他意識到了自我、他
者與外界的區別，進入象徵界。拉岡認為言
語活動屬於象徵界，主體經由言話活動表達
其欲望和情感，透過象徵界主體得以形成。

　　拉岡提出象徵界這一概念，基於這樣兩
個前提：(1)語言是先於主體而存在的客觀條
件。語言在社會中的具體表現就是各式各樣
的歷史和文化傳統，各式各樣的思想表達形
態和各式各樣的神話、傳說等等。這些存在
構成了一個龐大的、力量強大的存在體。每
個學習語言的兒童都必須屈從於這個存在體
之下，而無法完全駕馭它。人只是語言符號
作用過程的產物，而非這個過程的成因或起
源。用拉岡的話說，即人只是能指的結果，
而不是能指的原因。(2)語言經驗是實際生活
經驗的替代。正如萊麥爾所指出的：對語言
的掌握以及對符號的應用，便在人們的經驗

108）。

　　主體的確立過程就是掌握語言的過程，
這個過程逐漸將兒童引進社會文化關係之
中。拉岡強調，人類主體藉由語言而形成，
主體是言語的主體和面對語言的主體。言語
活動的本質特徵就是其對話性，即包含著說
者與聽者。他認為「言語始終是主體間的契
約。」（*Lacan,* 1977, p.61）。言語不僅是訊
息的綜合者，而且在說者與聽者之間建立了
一種聯繫。根據認識的辯證法，即主體的存
在依賴於其他主體對他的認識。同樣道理，
兒童在家庭、社會中確立主體的地位，必須
依賴於父親、母親及他人對他的地位的確
認。最初，兒童缺乏自己的主體位置，在父
母的語言交往中，嬰兒只是一個「它」
（it）；然後，這個「它」獲得了父母的命
名，有了自己的名字。但是，兒童必須藉著
自己對語言的掌握，才能將自己投入語言交
際的網絡（network）中，這個時候，兒童才
獲得了「我」的概念，才能夠取得自己的主

體位置，並懂得了父親、母親、自己在家庭
中各自所占有的地位。從語言學的角度而
言，代詞「我」是個人身分的一種標誌。當
兒童能夠說出「我」這個詞時，便證明他已
確立了自身的主體性。但是，如果沒有
「我」的對立面——「你」、「他」、「她」
的存在，也就不會有「我」這個位置，就如
同沒有男性也就沒有女性一樣。主體必須掌
握「我」、「你」、「他」的辯證法，必須
明白「我」永遠只能相對於「我」以外的成
分才能存在。

　　拉岡在討論象徵界的功能時，引入了
「父親的名字」和「父親的隱喻」。他指
出，「父親的隱喻」在家庭的名字③（必須
是父親的名字）和即將進入世界的主體之
間，建立了一種聯繫，不管父親在不在，如
果兒童接受了父親的法規，那麼，父親的權
威就是存在的。反之，即使父親在那裡，如
果兒童及其母親並不承認他的權威地位，或
者說，父親不能占據我們的文化賦於他的地

位，那麼他就喪失了他的象徵權力，兒童
（男孩）在父親身上找不到認同的對象，有
可能會轉而認同母親，這對於兒童，尤其是
男孩是極爲不利的，嚴重者會導致兒童患精
神病。因爲它破壞了兒童對自己的獨立存在
的直覺，因而阻礙了兒童對語言以及對
「我」的掌握。這就是說精神病病例往往代
表個體在掌握語言過程中所出現的反常或不
健全的情況，同時也說明了家庭中父母與子
女的關係如果不能納入正常的社會文化的軌
道，伊底帕斯情結不能適當解決，就會引發
災難性的後果───兒童精神病。

　　拉岡認爲，兒童藉著掌握語言，明確了
「我」在家庭中應有的地位。伴隨著伊底帕
斯情結的衰退，兒童在象徵界中的主體性地
位得以確立。可以說，語言產生了「我」，
語言創造了人的主體性。人成爲眞正的人的
那一刻，就是他（她）進入象徵關係的瞬
間。但是，自從人進入語言的關係網絡之後，
他自身也就被語言異化了。這可以從三個方

面來理解。首先，語言造成了物與詞之間即
生活經驗和語言符號經驗之間難以彌補的分
裂。語言符號的主要特徵之一，在於它只是
指稱（designating）事物而非事物本身，這
也就是詞與物或能指與所指的區別。對拉岡
而言，每個主體在掌握語言的同時，也經歷
著一系列的「分裂」過程。主體最初只是一
個無名稱的個體，或者是父母語言中的
「它」，後來它才獲得了自己的名字（如約
翰、吉米等），隨之這個名字或專有名稱代
替了主體，但名字不等於主體本人，它們是
屬於兩個範疇的事物，因而主體和言語活動
之間出現了永難克服的分裂關係。這恰如
「父親的名字」被接受之後，真實的父親卻
經歷了一次「語言上的」、「象徵性的」死
亡。這便是拉岡所謂的象徵化把客體轉變為
「不在場」（absence）。在佛洛伊德所描述
的「fort-da」（去——來）遊戲中，兒童虛
幻著他欲求的對象，因而他把小床邊的一個
棉線軸扔出去又拉回來，以此象徵著母親的

消失和出現。當兒童初次感到某種東西可以消失，並用某種符號，如「fort、da」，代表某種對象的在與不在時，象徵化就開始了。因而我們可以這樣理解，象徵與缺失和分離相聯繫。語言使每個人掌握了「我」的概念，這是使每個人將自己視為獨立存在的個體的先決條件。但語言也同時使我們和客觀事物之間造成分裂，語言粉碎了我們在鏡像階段對自我的認識，即身體「我」（自我）和言語「我」（主體）的分裂。

其次，語言造成了兩種「我」之間的分裂。兒童透過掌握語言中「我」、「你」和「他」的相對概念，成功地進入人際交往的網絡。但是，語言也同時在兩種「我」之間造成了分裂。一種「我」是作為說話主體的「我」，一種是在句子中作為主語的「我」。這兩種「我」永遠無法統合為一體。這兩種「我」的分裂源於代詞「我」的不穩定性，因為它的意義只是在發聲的那一刻被賦予的，它只是指在那時碰巧使用它的

任何人。換言之，句子中的「我」似乎只是
一個個漂浮的能指，只是與一個個主體發生
偶然的聯繫。如「我是貓」這句話中，當我
讀這句話時，主體「我」與主語「我」是不
同的。萊麥爾對此作了恰當的描述：句子中
的「我」，和我本身這個人，代表兩種不同
的主體位置。這兩個「我」之間的分裂發展
至極端，就是一種精神病。精神病患者往往
無法界定自己所處的位置，將自己看作另外
一個人，或者將自己看作為世界中的一件物
體，而自己則站在第三者的位置上來稱呼這
個物體。

　　分裂或異化的第三種情況就是語言的出
現帶來了原始壓抑，導致了潛意識的產生，
在此拉岡引用兒童的「fort-da」遊戲說來
說明。兒童在將棉線軸扔出去和收回來時，
分別發出了o和da的叫聲，這兩個簡單的發
音標誌著語言的萌發，標誌著兒童完成了從
母親過渡至棉線軸遊戲再過渡至語言的過
程。從另一個角度來說，就是語言將主體從

他與母親分離的痛苦經驗中分離開來。因
此，語言即是我們表述生活經驗和進行思考
的工具，也使我們不斷「壓抑」著自己的生
活經歷，使思維與我們的生活經驗分歧越來
越大。語言的介入，實際上等於消滅了自身
和自身之間的直接關係，而在語言中建立了
一個理想的「我」，主體將自己從語言中分
離出來。這種分離過程同時也是潛意識的形
成過程。從前文拉岡關於象徵界的論述中可
以看出，主體在象徵界中的意義，一方面是
主體與他者的認識關係，另一方面在語言這
一自主性的結構中主體會脫離能指鏈，而成
為飄無定所的能指，因此，主體實際上被取
消或主體已「死」了。這正是拉岡結構主義
的反人道主義傾向的表現，也是他向後結構
主義或解構主義轉變的一個重要特徵。

㈢實在界與欲望對象

在拉岡關於主體三層結構的論述中，實
在界是定義得最模糊和最難把握的秩序，因
而後人對實在界含義的解說也是眾說紛紜。

　　美國的拉岡評論家詹明信（F.
Jameson）於1977年給實在界定義如下：
「要理解拉岡的『實在界』的含義，其實並
不太難。簡單地說，它就是歷史本身。」（轉
引自*Sarup,* 1992, p.112）。詹明信的意思是
說，精神分析的實在界所展示的是主體本身
的歷史，它是精神分析學中的唯物主義成
分。而馬克思主義所依賴的是社會歷史，是
一種歷史唯物主義的歷史。詹明信藉由把實
在界定義爲「歷史」，試圖把精神分析學和
馬克思主義聯繫起來。

　　另一位批評家賈丁（A. Jardine）對此
則持有異議，他說「這個結論，雖然有啓發
性，卻顯然是錯誤的，因爲，實在界這個概
念如果可作任何解釋的話，它肯定不是指歷
史……在拉岡的論述中，實在界指的是那個
絕對無法用符號手段呈現的、超乎人的經驗
之外的、在我們的可知界限以外的範疇。」
（*Jardine,* 1985, p.122）。賈丁雖然道出了
實在界的不可言喻和不可知性，卻未說明它

的內容是什麼。施奈德曼則認為實在界就是
精神創傷所發生的地方；主體藉由對這個創
傷情景的接觸而得以確立。那麼精神創傷是
指出生創傷呢，還是指閹割創傷呢？對此，
施奈德曼却把實在界引入意義的圈套之中
了。

　　拉岡《文集》的英譯者謝里登也試圖界
定這一秩序：「這是被分析經驗（精神分析
經驗主要是一種語言的經驗）所排除出來的
一個部分……拉岡對實在界概念的定義不能
和現實混為一談，現實是可知的，但是對拉
岡所講的欲望主體來說，現實完全是一個幻
想的層面。……實在界是指語言的秩序內
（即象徵界內）所缺乏的，是指所有的言語
中所無法徹底消除的剩餘成分。」（*Lacan,*
1977, pp.4-5）。在此謝里登強調的是實在界
與象徵界的聯繫以及它與現實性的區別。

　　最後我們再看一下麥考比的意見。他首
先將鏡像階段視為原發性的自戀階段，在這
個階段，主體還未形成差別概念，主體以鏡

中影像的完整性肯定了自身的完整性，並將
這種完整性投射到世界中去；從語言學的角
度而言，這一階段也是詞物一體化的階段，
是一個不可避免的誤認過程。在這個過程中
主體還無法將詞的意義置於一個差別的和對
立的關係中來看待。實在界的出現卻打破了
想像的秩序。他說實在並不是指現實，而是
指差別的這個事實。所謂差別即兩性的差
別，兒童對兩性差別「事實」的認識，擊破
了他的想像秩序中的誤認，所給予他的精神
上的打擊無異於一種創傷。

從上述各人的定義中，我們可以總結出
如下幾點：首先實在界是絕對阻抗象徵化
的。它不屬於言語活動，因此它是難以表達、
不能言說的，似乎是超越於主體之外的一個
領域。但是，它既抵抗著象徵化，卻又依賴
於象徵界的存在而存在。其次，實在界打破
了想像的虛幻，為它提供動力，促使它進入
象徵界。第三，實在界不同於客觀現實，它
是一種脫離語言的主觀現實。它處於認識的

彼岸,在精神分析會談中也幾乎覺察不到,
因而拉岡把它排除在科學研究的範圍之外。
除此之外,拉岡還強調,實在界儘管處於語
言作用之外,與象徵界格格不入,但是它發
揮一種十分特殊的作用,即產生欲望對象。
實在界是欲望的來源,它是永遠「在場」
(at presence) 的或永遠「在這裡」,它是
一種生活機能,是主體支配不了的一種動
力,實在界就是這樣一個秩序:「在那裡主
體遇到了難以表達的愉悅和死亡」
(*Lemaire,* 1977, p.178) 。因而就其作用而
言,實在界恰似佛洛伊德之「伊底」,是本
能欲望的範疇,是潛意識的界線。

　　我們可以用圖4-1,來簡單描述主體、自
我、他者之間的關係。

　　在這個圖形中,S是主體;A代表象徵界
中的他者,即另一個主體,是父親或成年的
「另一個人」等符號性的東西,是法規和語
言秩序的場所;a處於想像界,是鏡像階段
的嬰兒和「自我」的處所;a'是欲望客體、

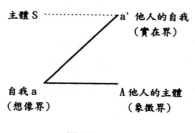

圖 4-1

母親及他人自我的位置，處於實在界。從圖
中可以看出，主體S的位置恰似伊底帕斯三
角形的第四要素，正如拉岡所說的，它占據
的是4人玩橋牌時的死位：它既被包括在牌
內，又被排除在局外。主體只是語言的和玩
牌（發生在實在界、想像界和象徵界之間）
的一個工具，一個中間環節和一個「支
點」。拉岡使主體從笛卡爾主義的幻想的自
主中擺脫出來，而強調主體的工具性質。從
這個意義上，拉岡發展了佛洛伊德關於潛意
識決定論的思想。處於象徵界的他者（他人
的主體）或「父親的名字」，是預先存在的

符號序列，是主體將在其中出生和受教育的
社會文化條件。個體只有認識到並繼承象徵
界的他者的規則，才能獲得其主體性。因而
「真正的主體」的形成依賴於「象徵性功
能」的出現。

　　在拉岡那裡，主體三層結構雖然分屬不
同的邏輯類型，但它們卻是相互聯繫的。想
像界是人的個體生活、人的主觀性，它經由
幻想和誤認功能創造主體的「自我」。象徵
界源於想像界，是「某種類似紙板的東西，
上面寫滿了在想像界的程度上形成的『自
我』的內容。」（波波娃，1988，p.133）。象
徵界受語言的支配，執行「超我」的職能，
促使主體的人性化與社會化，但又不具強制
性。實在界是現實經驗的替代，它既連結著
想像界和象徵界，又與二者不同。它是二者
的混合，是關於個人的一種獨特的經驗記
錄。它不能用言語表達，因此，即使精神分
析也難以掌握它。拉岡在1975年的美國之行
的講演中，曾把想像界、象徵界和實在界比

註釋

①法語meconnaissance是一個精神病理學術語,英語
　譯爲 misknowing 或 misrecognition 或 miscogni-
　tion,漢語譯爲誤認或誤識。拉岡《文集》的英譯者
　謝里登 (A. Sheridan) 主張保留原來的法語,不
　予翻譯。他說:「我決定保留這個法文單詞。它的
　意義是指一項『失敗的認知行動』,或者是一種
　『錯誤的解釋』,這是拉岡思想中的重要概念,因
　爲對拉岡來說,認知 (connaissance) 和誤認
　(meconnaissance) 是有著密不可分的關係的。」
②split可譯爲「分裂」、「分離」或「裂隙」,是精
　神分析學中由來已久的概念。佛洛伊德用以指每個
　人自我中的兩種不同的對待現實世界的態度,一種
　是遵循現實原則,另一種則只受本能或欲望的驅
　使,這兩種精神態度並存於每個人的精神領域之
　內。拉岡沿用這個概念,用語言學進行重新的界定
　和引伸。它主要指語言符號脫離了事物本身,或者
　說,是能指與所指的斷裂關係。

③此處的名字可理解爲中國的姓氏，父權社會中以父
　親的姓氏作爲家庭的標誌，並維持家庭的繼承關
　係。拉岡使用「父親的名字」這一隱喻，意義在於
　父親是法規的象徵。

欲望（desire）概念是拉岡理論體系中
的一個重要問題，其地位恰似佛洛伊德的本
能概念，是拉岡的精神分析動力學思想的體
現。但是，拉岡的欲望論並不等同於佛洛伊
德的本能論。正如薩若普所說：「拉岡受科
熱夫的黑格爾講座的啓示，意識到我們對物
和對人的關係之間存在顯著差別。對人我們
必須要問：什麼是他者所欲望的？於是拉岡
把佛洛伊德的願望觀和黑格爾的認識觀聯繫
起來，開始討論欲望問題。」（_Sarup_, 1992,
p.66）。拉岡不僅吸收了黑格爾關於一個人
的欲望就是他人的欲望的觀點，而且還明顯
受到沙特的「欲望所是」和「欲望占有」論
點的啓發。所以，拉岡的欲望論是對佛洛伊
德本能論的修正和發展，是他的潛意識論和
主體論的進一步闡發。

一、需要—欲望—需求

　　欲望論是拉岡受黑格爾辯證法和當代哲學的啓示，用結構主義語言學方法解讀佛洛伊德本能論的結果。佛洛伊德的本能論是其理論的重要組成部分，也是他的生物決定論的重要體現。佛洛伊德在前期提出了自我本能和性本能（力必多本能），後期又將二者合併爲生的本能，並在此基礎上提出了死的本能。他把本能看作是一種生物性的、機體的（而非心理的）連續驅力，目的是釋放和消除體內的緊張狀態。本能屬於心理裝置（apparatus），只有透過觀念表達這一中介，它才能成爲意識的或潛意識的。由於本能的某些內容與社會現實不相容，故而常常被壓抑進入潛意識，成爲一種潛意識的願望。佛洛伊德認爲，這種潛意識的願望可爲

夢提供動力。任何願望都與早期的或嬰兒期的生活經驗相聯繫，即它與某種「記憶痕跡」（memory-traces）或性經驗有著牢固的聯繫。在佛洛伊德那裡，潛意識的願望是可以滿足的，儘管只是在夢中或症狀中以歪曲的形式被滿足（藉由壓抑著它們的凝縮和移置鏈）。

拉岡修正了佛洛伊德的本能論代之以欲望論，並以認識欲望代替了佛洛伊德的願望的滿足，他以需要、欲望和需求的三元論取代了佛洛伊德的生的本能和死的本能的二元論。拉岡除了賦予傳統的需要和欲望概念以新的含義之外，還引入了一個新的術語──需求。需求(demande，英譯爲demand)不是精神分析的傳統概念，而常見於法律學領域，英文含義爲request（要求）或appeal（申訴）。拉岡對這三個概念進行了嚴格區分，並進一步闡明了它們之間的關係。他認爲人從需要向欲望和需求的轉化，是伴隨著主體的形成和語言的掌握這一過程

而進行的。

拉岡首先承認,需要是生物性的,它總是指向一個維持生存的特殊對象,當人們得到這個對象時,需要便得到了滿足。需要來源於生命的匱乏(lack)①。按照拉岡的帶有神秘性的觀點,嬰兒的出生就是一次經歷匱乏經驗的過程:嬰兒從母體中分離出來之後,從此不再享有母親在解剖學上為他提供的完整性。這種匱乏導致了有機體需要的產生,即嬰兒的求生動力。嬰兒藉助外界對象(如母親的乳汁等)來滿足需要。但相對於嬰兒的匱乏而言,這種滿足只是一種幻想的滿足,因為嬰兒所渴望的原始的完整狀態將一去不復返了,也就是說,匱乏是一種最古老、也是最持久的動力狀態。

拉岡進而指出,需要是一種被節奏化了的生理功能,它總是傾向於成為新的需要或成為需求。從個體發展來看,嬰兒的哭聲最初只是獲得需要滿足的訊號,漸漸地,嬰兒發現,哭聲不僅可以得到需要的對象,而且

可以得到母親的愛撫和關注。於是，哭的內
涵不斷豐富起來並逐漸被語言所代替。需要
的對象總在變化，似乎永難滿足，因爲此時
的需要已不再是一種單純的對某一對象的需
要，而變爲一種需求。這樣就完成了從匱乏
到需要再到需求（語言出現）的發展過程。
「主體在獲得語言之後，便以這樣或那樣的
方式改變他在能指中被異化了的需要，並使
需要背叛它的眞實性。於是，眞正的匱乏、
需要和本能對象就永遠喪失了，被投入茫茫
潛意識之中。主體被分裂爲兩部分：他的潛
意識眞實和部分地反映這個眞實的意識語
言。」（*Lemaire,* 1977, p.163）。拉岡認爲，
需求是以語言形式表達出來的需要，最終的
需求是對認知和愛的需求。當他人（如母
親）向嬰兒提供其所需要的對象時，同時也
在證明主體（嬰兒）是被愛著的。

語言促使需要轉變爲需求，同時，也造
成了需要與需求之間的分裂或脫節。因爲需
求是以語言的形式提出的，而聆聽需求的他

人是主體難以完全控制的，因此，需要與需求之間就不可能是百分之百的對等關係。在二者之間的斷裂處便誕生了欲望。拉岡說：「在由需要轉變為需求的過程中，哪部分遺漏的、不能表達為需求的需要，就被人們體驗為欲望，欲望誕生於需要與需求之間的間隙。」他還說：「欲望形成於一頁的空白處，需求就在這個空白處被從需要上面撕裂了下來。」（轉引自 *Sarup,* 1992, p.98）。欲望處於潛意識之中，只有被替換之後才能進入意識生活。欲望與獨立於主體的現實對象無關，它總是指向一個被壓抑的原始本文：從母親那裡獲得完整性，或與母親結合。因此，它難以得到滿足，甚至可以說它是貪得無厭的。

　　從需要、需求、欲望的產生過程可以看出，這三者是既區別又聯繫的有機整體。需要來源於匱乏，並藉由語言轉變為需求。拉岡把需求稱為「能指的狹谷」（defile of the signifier），在他那裡，需求似乎是一個

總稱，它指明了象徵界，指明了意義的處所，
在此原始的欲望逐漸被異化。（*Lemaire,*
1977, p.165）。如上所言，欲望誕生於需要與
需求的間隙，是被壓抑進入潛意識之中的不
能被表達爲需求的部分需要。除此之外，拉
岡還不斷強調：欲望總是既超越於需求，又
在需求之前存在。首先，因爲欲望的不可滿
足性，它超越了需求，它是永恒的。當需求
以自己的條件把欲望表達爲一種語言形式
時，也就是使欲望依附於能指時，欲望就背
叛了它的眞實意義。其次，欲望也探究需求
之下的領域。欲望就是原始的基本匱乏在語
言中的異化，藉由隱喻和換喻的途徑，欲望
才轉向並依附於需求，因此，需求將總是得
到潛意識的欲望的支持。

二、欲望是他者的欲望

　　拉岡是在「象徵」的基準上，在對主體間性的分析之上來研究欲望問題的，因而主體欲望的形成與主體獲得語言以及與「他者」有著內在的聯繫。拉岡經常引用我們前文已經提到過的佛洛伊德所觀察到的兒童的Fort-da遊戲，來說明欲望與語言、主體及他者之間相互依賴的關係。

　　佛洛伊德在1920年發表的《超越快樂原則》一書中，描述了他所觀察到的Fort-da遊戲，發明了兒童用遊戲的方式（虛幻）來克服與母親（其所愛的對象）分離的創傷。他觀察了他的18個月大的外孫，發現當他的母親不在他的身邊時（佛洛伊德補充說，母親的離去是兒童所實際經歷的永難忘記的痛苦經驗），他就不斷地玩一種自創的遊戲。他

坐在小床裡，把一個繫著一團線的棉線軸一
會兒扔出去，一會兒拉回來，當扔出去時，
他會發出一聲響亮的、拖得長長的「O——O
——O」聲，同時臉上流露出興奮和滿足的表
情。佛洛伊德觀察發現，這個「O」音並非一
個簡單的無意義的音節，而是德語中Fort
（不見了或離開）的意思。當這個兒童把線
軸拉回到他的視線之中時，他又會發出興奮
的叫聲「da」（在那裡，來）。佛洛伊德經
過長時間的觀察，終於得出結論：兒童的
Fort-da遊戲，是他以遊戲的方式表演了他與
母親分離的過程，這個遊戲是後來母親出現
的預備條件。在遊戲中，原本處於被動地位、
對母親的離去無任何抵抗能力的兒童，轉變
為主動的一方，宣洩了他的一種被壓抑的不
滿，以虛幻的方式替自己報復了母親。佛洛
伊德進而指出，Fort-da遊戲反映了兒童獨占
母親的欲望。兒童透過這種遊戲，學習控制
他自己的情緒，即當他所愛的對象在與不在
時他所體驗的情緒。

　　除了接受佛洛伊德的觀點之外，拉岡進一步指出，在這個遊戲中，兒童實際上完成了兩次象徵行爲。第一次是用棉線軸「象徵」母親的消失與出現；第二次用「O」和「da」這兩個音節象徵棉線軸的消失與出現。因而兒童實際上完成了從母親過渡到棉線軸再過渡到語言這樣一個過程。就拉岡而言，這個遊戲不僅標誌著語言的萌芽、象徵界的誕生，而且標誌著語言將主體從他實際經歷的經驗中分隔、分離出來的過程。語言的萌芽也帶來了原始壓抑，導致了潛意識的誕生。兒童擁有母親的需要被壓抑進潛意識之中，成爲深藏不露的潛意識的欲望。伴隨語言的獲得，主體得以確立，潛意識開始形成，欲望便誕生了。由此我們可以理解拉岡的兩個命題：「主體是欲望的主體」、「欲望是象徵的產物」。他用這個遊戲來證明，只有當對象在嬰兒面前消失時，這種期盼的對象才能作爲一個對象存在。這樣，隨後得到的任何滿足其內部總包含這種不可彌補的

缺失（loss）：母親曾經離開，使他經受了痛苦的分離。

拉岡試圖證明欲望的最初根源就是分裂或匱乏。他說，佛洛伊德早已指出，在每個人的身上都存在一個基本的分割（cleavage）或分裂。拉岡借用了柏拉圖《宴饗篇》（*Symposium*）中阿里斯多芬（Aristophanes）所講的神話故事：人原本是雌雄同體的四條腿的生物，後被憤怒的宙斯（Zeus）劈成了兩半，所以人總是欲求他所喪失的另一半。他藉此說明，在人類種族的發生史上，人的欲望也是來源於分裂和匱乏（喪失了另一半）。而在人類個體的發展史上，情況亦然。嬰兒的誕生過程就是一個與其統一體——母親分離的創傷過程。而在後來的生活中，嬰兒的斷乳，與母親的短暫分離，兒童與其影像的（image）分離，是兒童所經歷的所有分離的範例。在分離的同時，兒童體驗到一種匱乏，於是他便設法彌補這種缺失或匱乏。但是，兒童主體在最初或在

意識中並不了解這種匱乏的對象是什麼，或者他並不了解自己的欲望，於是試圖在他者中尋找自己的欲望。因而他的欲望就變成了他者的欲望。在尋求欲望滿足的過程中，一個人的欲望卻變成了他者的欲望。拉岡曾說：「我一直發現我的欲望存在於我的外部，因為我所欲望的總是某種我所匱乏的東西，即相對於我的他人（other）。」（*Sarup,* 1992, pp.68-69）。拉岡認為每一個人的欲望的實現總是或者依賴於自然界，或者依賴於他人。因此可以肯定地說，一個人的欲望就是「他者的欲望」（*Lacan,* 1968, p.75；*Leavy,* p.211）。

　　這一點可以在兒童主體與父、母主體的關係中，清楚地揭示出來。拉岡認為，在前伊底帕斯情結和伊底帕斯情結的第一階段，嬰兒與母親處於直接的情感關係之中，這種直接關係使他誤認為他自己的欲望對象也就是母親的欲望對象，甚至他把自己本身就看成是母親的欲望對象，他把自身認同為他者

的欲望的欲望。萊麥爾對拉岡的這一思想作
出了如下的解釋：拉岡已指出，在最初的階
段，嬰兒的欲望，不僅在於希望得到母親的
接觸、得到母親的照料，同時他也希望自己
是母親的一切，希望母親的生活以他爲中
心。他甚至在潛意識中希望自己成爲母親的
補充部分，補充母親所欠缺的陽具。他是母
親的欲望的欲望，爲了滿足這一欲望，他必
須認同這個欲望對象，即認同這個陽具。但
是，當嬰兒發展至伊底帕斯情結的第二、第
三階段，即掌握了「父親的名字」並決定認
同父親時，他的原始的潛意識欲望就被異化
了。透過最後的幻想中的閹割分裂，主體形
成了，並從而成爲陽具發展至占有陽具，即
認同他者的欲望。「藉由這次分裂，主體使
自身與邏各斯（Logos）連接了起來」
（*Lemaire*, 1977, p.166；*Lacan*, 1977, p.
28）。萊麥爾對上述過程作了簡明扼要的描
述：嬰兒這個未來的「主體」希望成爲他的
母親的「陽具」，即成爲她的一切。但父親

作為法規的制定者、象徵界的代表，干預並
抑制了嬰兒與母親的二元統一體。嬰兒的原
始欲望被壓抑進一個被誤認為的地位，並被
符號所取代。從此，主體就參與了象徵和語
言秩序，而他的原始欲望（成為母親的一
切）變成想知道、想占有的欲望。透過無限
的昇華，透過從一個能指到另一個能指的多
重移置，原始的潛意識欲望就在需求中被異
化了（*Lemaire,* 1977, pp.165-166）。主體原
始的欲望或被壓抑，或者昇華，它如欲進入
意識的世界，只能透過夢、語誤、倒錯、雙
關等虛幻、非邏輯的方式和途徑。

三、欲望的對象

　　要真正理解拉岡的欲望概念，就必須明
確拉岡所提出的與他者相對應的一個概念：
objet-petit-a ②。（萊麥爾將其縮寫為objet-

a，爲方便起見，下文採用objet-a的寫法。）
拉岡用objet-a代表欲望的對象。他認爲發音
（phoneme）、注視（gaze）和聲音
（voice）等都可以成爲欲望的對象。他把
objet-a定義爲：後鏡像階段的欲望能指，它
喪失了對潛意識所指的象徵性參照。反過
來，這些所指在分析中，又是與虛幻和特殊
意義相聯繫的無窮的鏈索（chain）。但是，
拉岡對objet-a的使用如同大寫的「他者」
一樣，在不同的本文中意義不同，從而造成
了後人對它的理解各異。

　　薩若普說：「objet-a在某種方式上也
是欲望的原因和條件。它或許是一處孔穴，
一個乳房；總之，它與邊緣或斷裂相聯
繫。」（*Sarup,* 1992, p.98）。施奈德曼把
objet-a理解爲「匱乏之所在及其不可還原
性，它是一種痕跡（trace），一種殘餘（left-
over），一個剩餘物（remainder）。它留下
了被人欲望的某種東西。」（*Schneiderman,*
1980, p.7）。objet-a是主體出生之時就已失

落的對象，它導致主體產生欲望並力求獲得
滿足，但是，主體的任何欲望對象永遠只能
是objet-a的代替物。因爲隨著主體的需求、
欲望的誕生，objet-a逐漸依附到外界對象之
上，而眞正的objet-a——原始匱乏對象則被
壓抑到了潛意識之中。

　　萊麥爾是得到拉岡首肯的弟子和拉岡的
研究專家。她根據自己的理解把objet-a的含
義概括爲兩個方面：第一，它是在主體的分
裂中丟失的對象，是不知名的東西，是兒童
爲了滿足其母親而希望成爲的陽具，是自己
的匱乏的象徵性補充。因而，objet-a是欲望
的原因，它的無可挽回的消失造成了欲望的
永恒性和它不斷地從一個需求能指轉向另一
個需求能指。按格林（A. Green）的話說：
「（objet-a）象徵著在能指領域中消失的
東西，它失去了意義。抵抗這種消失的是被
指明的主體。」（轉引自*Lemaire,* 1977, p.
174）。若在一種更爲原始的層次上，以神話
的術語來表述，objet-a就是兒童在出生時被

迫與母親分離時所體驗到的基本匱乏對象。
在它的一般性的意義上，它也是用來代替匱
乏對象的本能的部分對象（如乳房）。因此
objet-a是填補在分離裂隙中的第一個意象。
用隱喻的說法，objet-a就是陽具，是不可能
的統一性。第二，objet-a是匱乏對象（陽
具）的象徵，或者它是欲望的換喻性對象
（如偶像）。用拉岡的另一種表達方式，它
就是跌落之物（the fallen，法文為le cadu-
que），是從能指鏈中落下的剩餘物。簡言
之，objet-a是欲望的能指，它從潛意識所指
（存在匱乏的對象：陽具）那裡獲得它的象
徵性參照。

　　不管objet-a被描述為匱乏對象、欲望的
能指，還是一種跌落之物、一抹痕跡，但它
的本質意義則是建立在主體是一個被分裂的
主體這一基礎之上的。在原始的意義上，
objet-a是主體最初與母體分離時所遭受的
匱乏。而當主體確立以後，它又導致了欲望，
並成為欲望的對象或能指。因為欲望對象的

不斷異化，objet-a的原始意義已經失落了，objet-a淪為原始匱乏的一種痕跡，從而導致了欲望永難滿足。

四、欲望即換喻

　　拉岡相信，任何主體都存在於生活的原始匱乏之中，換言之，即與母親統一（或結合）的需要之中。他用「欲望就是換喻」這一論題，證明在經過語言這一中介之後，原始匱乏所經歷的基本的和逐步的異化。在他看來，在需求中，這一原始需要只不過是它以前的自身的影子。那麼，欲望是藉由什麼方式成為換喻的呢？或者說，主體的潛意識欲望是怎樣變成語言中的能指的呢？下面，我們還是以佛洛伊德的「植物學專論」之夢為例，來分析拉岡的欲望的換喻觀。

　　儘管此夢的內容在前文已有描述，但為

了幫助理解,我們還是再次摘錄如下:「我寫了一本關於植物學的專著。這本書平放在我的面前,我正翻到一頁折皺的彩色插圖,上面黏著一片乾枯的植物標本,它像是從一個植物標本集上取下來的。」佛洛伊德對此夢作了深入、細緻的聯想和分析,拉岡則以語言學的方法進行了新的解釋。

聯想是這樣進行的:佛洛伊德記起在做夢的前一天,他遇到了朋友柯尼施泰因醫生,他責備佛洛伊德過分沉溺於自己的嗜好(狂熱的購書欲望)。正在談話的尷尬時刻,格特納(德語中的園丁)夫婦出現了。話題轉到了佛洛伊德以前的一個女病人「Flora」(花的意思)身上,佛洛伊德便稱讚格特納夫人「如花般」的容顏。就在這同一天,佛洛伊德曾在書店的櫥窗中看到了一本關於仙客來的植物學專著。仙客來是他妻子最喜歡的一種花。透過植物、花與草這些能指的換喻性連結(它們具有性質上的接近關係),形成夢中的一個因素;植物學專

著，從而滿足佛洛伊德的第一個願望，即對
他的朋友柯尼施泰因的批評作出反應：希望
寫一本有價值的內容豐富的著作——植物學
專論。這個願望也與佛洛伊德眾所周知的對
書的激情，透過換喻方式連接起來。繼續聯
想下去，由仙客來使佛洛伊德記起他常常責
備自己，因為他經常忘記買妻子喜愛的仙客
來花送給她，而妻子卻從沒有忘記給他買朝
鮮薊，這是佛洛伊德最喜歡的一種花。由朝
鮮薊這種花，以及顯夢中的「彩色插圖」這
一能指，使佛洛伊德回憶起了一幕遙遠的場
景，這個情景曾使他感到緊張和令人不安的
快樂：當時只有5歲的佛洛伊德和他3歲的妹
妹，把一本有關波斯（Persia）旅遊並附有
豐富的彩色插圖的書，一頁一頁撕成了碎
片，就像把朝鮮薊一瓣一瓣地撕下來吃掉一
樣。他記得當時自己感到無限的快樂。佛洛
伊德承認，從這時起，他便對書籍產生了一
種狂熱的愛好。在後來的學習、工作中，他
對裝飾精美，附有彩色插圖的醫學雜誌情有

獨鍾。這個聯想揭示出，顯夢中的能指要素
「彩色插圖」與附有插圖的書和撕書行動形
成了一種換喻關係。拉岡認爲，在顯夢內容
中，這本書的彩色插圖可以說是一個能指，
這個能指透過它與撕毀的書、聖經、母親這
個連結過程，既確立又掩蓋了亂倫的欲望。

　　透過換喻性聯想，佛洛伊德轉向了另一
個顯夢要素：「植物學標本」。佛洛伊德回
憶起在他上中學時，他們學校的校長曾給高
年級的學生安排了一個任務：幫助清理學校
的一批植物標本集，因爲這些標本集裡出現
了一些蛀書蟲 (bookworm)。佛洛伊德對
書的狂熱與蛀書蟲的雙關含義吻合了：眞正
啃書本的蟲子，嗜書如命的書迷。伴隨著這
些看似無序的聯想，佛洛伊德的思緒又凝固
在一個難忘的日子。那天，他的父親把他最
心愛的聖經贈給了他，他知道，在父親心目
中，除了他的妻子——佛洛伊德的母親之
外，這部聖經是父親最珍重的一件東西。佛
洛伊德接受了這件珍貴的禮物，然後就像一

隻蛀書蟲一樣，一頭埋進了書中。在精神分
析中，蟲子（worm）象徵了兒童陽具，
worm的雙關含義使佛洛伊德想起了他的另
一個夢。在他大約七、八歲時，他做了一個
夢，他夢見母親在睡眠中受到了幾個奇怪的
長著鳥嘴的人的攻擊。佛洛伊德從夢中哭醒
過來。按照德語的俚語，鳥（vogel）這個詞
與性行為有關。因此這個夢的主題是亂倫。

　　透過系列意義的連結，佛洛伊德終於挖
掘出了「植物學專論」之夢的最深層含義，
即他的潛意識欲望，原來，在佛洛伊德的潛
意識之中，父親贈給他的「聖經」這份禮
物，就等於把母親饋贈給他。因此，佛洛伊
德把他的母親同化為「聖經」，從而同化為
所有的書籍。而蛀書蟲就是佛洛伊德自己。
佛洛伊德解釋說，自從5歲時撕書的那一幕開
始，他對書就有一股狂熱的興趣：他要吞
嗜、撕爛並毀壞它們，以便從中發現豐富的
內容。這就是「蛀書蟲」這一雙關語所給予
我們的啟示。

在植物學專論這個夢中，我們可以發
現，由顯夢本文揭示出的隱夢意義是：對書
的狂熱和科學成就（寫成專著）。而夢所滿
足的潛意識欲望則是亂倫欲望：成爲他母親
的狂熱的發現者，與母親結合。這個潛意識
欲望透過一層層的換喻性替換：仙客來—朝
鮮薊—有彩色插圖的書籍—聖經—母親；植
物學標本集—蛀書蟲—兒童陽具，最終昇華
爲閱讀（嗜書）和科學發現的激情。因此從
夢的運行機制中我們也可以適當的理解潛意
識的形成和組織方式：「透過一種複雜的能
指網絡，欲望被異化並變成永恒的昇華。」
(*Lemaire,* 1977, p.173)。

在此，我們還應借用萊麥爾的話來說
明，拉岡所謂的「欲望是一種換喻」，僅僅
適用於欲望在能指中的異化，即透過一系列
的聯想、連結，以及原始的能指（如上述夢
中的兒童陽具）被替換。但這些聯想、連結
並不是說必須是換喻的，也可以是隱喻的。
如上文中蛀書蟲象徵佛洛伊德，而蟲子則象

徵經由亂倫而占據母親的兒童陽具。書使佛
洛伊德的聯想移置到了聖經禮物，進而又透
過對一個亂倫之夢的聯想揭示了它的象徵意
義：聖經象徵母親。在欲望的逐步異化和昇
華中，主要的方式還是移置或換喻作用。甚
至佛洛伊德的自由聯想也是按照換喻的方式
進行的，它經由接近性聯想從一個主題過渡
到另一個主題。因此，萊麥爾說：「欲望是
換喻的表述只是試圖給出在一種方向上或其
他方向上，聯想連結的一般趨向（orienta-
tion）。」（*Lemaire,* 1977, p.197）。她進
而指出：在夢中上升進入意識的能指，是支
持潛意識欲望的能指的換喻。在能指和所指
之間的意義聯繫不是直接的，換言之，夢阻
抗著意義。這種阻抗的原因就在於連結時能
指鏈的存在，這個能指鏈從顯夢中的能指進
到潛意識的所指：與母親結合的需要。由此
可見，欲望深藏潛意識之中，處於以換喻的
形式層層相疊的能指網絡之中，夢境就恰似
S/s之間的橫線，阻抗著對夢的隱意，尤其是

註釋

①拉岡在其著作中經常使用lack（法語為manque）
　一詞，可譯為「匱乏」或「缺失」。對拉岡而言，
　匱乏導源於嬰兒與母親身體的分離。匱乏就是虛空
　（void），是零，它指人體還未發展出性感區及欲
　望還未依附於能指之上的一種狀態，指解剖學上的
　補充物（complement）的缺乏和機體需要的產
　生。據拉岡的弟子萊麥爾所言，拉岡的匱乏觀暗指
　一種不可逆轉的不完全的生活戲劇觀，它離開了佛
　洛伊德的性吸引觀點。在某種意義上，匱乏包含人
　的所有基本焦慮，即人作為人所必然具有的焦慮。
②拉岡從佛洛伊德的對象（object）概念的使用中，
　引申出autre（other）概念，可譯為他人或他者。同
　時又將autre分為大寫的Autre（grand Autre）和
　小寫的autre（拉岡稱為objet-petit-a，「a」是
　autre的縮寫）。拉岡強調，objet-petit-a這個詞不
　能譯為其他語言，但有的英語譯者將它譯為object-
　a'。拉岡《文集》的英譯者，謝里登認為，拉岡強調

不能將objet-petit-a譯爲其他文字，因而使之變成了一個類似代數中的符號之類的東西。

　　從對拉岡的精神分析理論的論述中，我
們可以看出，拉岡的確遵循著自己「回歸佛
洛伊德」的路線，著重挖掘了佛洛伊德本文
中哲學和文學的層面。儘管拉岡反對美國自
我心理學的醫學化傾向，甚至偏激地認為
「治療僅是精神分析的副產品」（*Sarup,*
1977, p.11），儘管法國醫療界長期以來對精
神分析治療持抵制態度，但他作為一名精神
病醫生出身的精神分析學家，卻並未拋棄精
神分析的治療功能，而是以結構主義語言學
這副「中合劑」，對佛洛伊德的治療理論和
技術進行了獨特的改造，創造了既保持古典
精神分析的原汁原味，又增添了拉岡派新口
味的新型的治療理論和方法。

　　在拉岡的治療觀中，語言的重要性被提
高到了無以復加的地步。他甚至斷言，在佛
洛伊德的全部著作中，每3頁就有1頁涉及語
言方面的討論。因此，拉岡在提出潛意識論
之後的幾乎所有的理論，都是以語言為中介
或工具的，他的精神分析治療觀更是明顯地

表現出強調語言作用的這一特色。

一、話語療法（talking therapy）──治療的本質與目標

　　佛洛伊德創立的精神分析會談療法，實際上就是一種個體的話語療法。分析者即醫生讓病人躺在治療室裡，自由地敍述他的夢、他的症狀和體驗。病人的夢、語誤、自由聯想等既是表達他的潛意識的材料，也是醫生進行解釋的重要依據。因而按照佛洛伊德的看法，分析治療的任務就是要「剝露被置換的東西，並使之得到某種解決。原有的被置換的東西可以或予接受，或予譴責。」（克萊芒，1985，p.37）。分析的實質就在於「揭露出敍述的個人特點和獨特性，在於對他（病人）的每句話和他的主觀邏輯進行精密分析。」（克萊芒，1985，p.28）。拉岡於1953年開創的精神分析的新方向，依然把病人的

言語和話語作爲基本的組成成分。他認爲，
無論是分析治療的過程還是治療的結果，都
依賴語言和言語，精神分析過程就是對話語
的直接分析過程，治療的目標就是揭示病人
話語中流露出的潛意識欲望，因此，精神分
析治療可以說就是一種話語療法。

在治療過程中，分析者所能掌握的唯一
材料就是病人的言語，是他對自己的夢境或
自由聯想所作的口頭描述。但是，病人的言
語是在想像的層面上展開的，病人總在虛構
自己的歷史，「在他的話語中，他把自己描
述爲另一個人，似乎他希望看到自己，或者
說他希望被看到。」 (*Lemaire,* 1977, p.
215) 。因此，「拉岡派的分析者就在眞實性
的這唯一的媒介上操作：分析過程中病人的
話語。他藉由病人的特殊的說話風格和令人
難以置信的行爲，來對病人作出檢查。但是
……分析者並不關注話語自身的內容，而是
話語中的裂隙，以及建立新內容的『潛意識
的構成』，即潛意識的動機。」 (*Lemaire,*

1977, p.216）。病人的敍述有時令人不知所
云，有時則是對醫生的奉承話。拉岡稱此爲
無內容的且不可信的空的言語，這時不是主
體在說話，而是主體被話說著，主體與他的
言語產生了分離。「不是人說話，而是話說
人」，這是結構主義者的一個箴言，他們從
語言這一人類存在的基本方式入手，消解著
人的主體性。（劉北成編著，1995，p.158）。
空的言語處於想像界，阻塞實的言語的可能
性。因此，分析者的作用就是促使空的言語
轉變爲實的言語。拉岡說：「精神分析學家
比任何人都清楚，關鍵的問題是去理解病人
話語中帶有能指術語的部分……因此這一部
分是很有用的一類標點符號，它將其意義賦
予了主體的話語。」（*Lemaire,* 1977, p.
216）。當主體的話語獲得了意義，不再是漂
浮的能指時，主體的言語就轉而成爲實的言
語，這意味著他不再像談論一個客體一樣談
論自己。拉岡寫道：「在開始分析時，主體
並不對你談論他自己，或者說對你不談論他

自己。當他對你談論他自己時，分析就結束
了。」（*Sarup,* 1992, p.56）。由此可見，治
療是否有效的標準是病人能否使空的言語轉
變爲有眞實內容的實的言語，是否表達出了
眞正的潛意識的欲望，而遠非自我心理學家
所謂的，使病人認同分析者的自我，幫助病
人適應環境，或者向環境挑戰。

那麼，哪一種欲望才是病人的眞正欲
望？哪一些欲望則是移情的表現呢？分析者
如何辨認出病人的眞正的潛意識的欲望呢？
對此並無明確的指導標準供分析者參照。不
過，施奈德曼認爲：分析家作出判斷的時
候，應該以病人所採用的表達這個欲望的言
語方式作爲依據。如果病人在講出這個欲望
的時候，語氣帶有要求分析者表示贊成或者
表示同意的意思，這幾乎就可以肯定這個欲
望並不是他的眞正的欲望。……可是，如果
病人的欲望眞正浮現了出來，或者病人眞正
發現這個欲望的部分內容，那麼，分析者就
有責任對此作出反應……。但是，在拉岡派

的分析治療中，對這個真正欲望的判斷卻是
一個複雜的問題，甚至可以說並沒有終極的
答案，這是因為世界上並不存在絕對的知識
和真理，因此常常是分析者以為找到了答
案，實際上卻沒有，這就如同主體的存在，
主體總是把自己幻想為一個完整的存在、世
界的中心，而實際上這樣一個完整的、處於
中心位置的主體並不存在。拉岡的治療觀也
反映出他的真理觀和主體的去中心化
（decentering）思想，這使他轉向了後結構
主義。

　　拉岡認為，因為分析者的存在，使得精
神分析成為分析者與被分析者之間的對話關
係。在這種對話或分析性會談中，分析者和
被分析者之間唯一的溝通工具就是被分析者
的言語。而被分析者這一主體的真實性也在
他的言語中流露出來，並在處於「另一個場
所」、另一個層次上的他者（即潛意識）處
被重新發現。在分析性會談中，這個他者亦
即分析者。按照拉岡的觀點，分析者唯一能

做的，就是把被分析者送回語言或象徵的秩
序，把被分析者的言語以逆反的形式返回給
他本人。這就是我們在潛意識論中所說的：
分析者提供給患者的是患者自己的潛意識。

二、分析者的角色——緘默
的聽衆

在分析治療過程中，分析者應扮演什麼
樣的角色？他和患者即被分析者之間應該是
種什麼關係呢？傳統的佛洛伊德精神分析的
觀點認爲，分析者應恪守三條原則：中立
性、被動性和隱身性。在分析治療過程中，
分析者首先不應把自己的觀點、意見、情感
與言行等強加於病人，而應保持一種冷靜與
中立的客觀態度；其次是切忌對病人進行主
動的暗示；再次是要求與病人保持一定距
離，切忌治療之外的接觸和過分親密。拉岡
派的精神分析者不僅堅守這三條原則，而且

將之發展到極點，讓分析者做一個冷漠的緘
默者，或一面中性的鏡子。

　　拉岡堅決反對自我心理學的治療觀，尤
其反對以患者認同分析者爲治療目的。他認
爲，如果精神分析學家成爲被分析者的模型
（model），他就失去了應有的作用。皮阿隆
（H. T. Piron）對拉岡派分析者的作用作
了如下界定：「精神分析學家就他自身來說
什麼也不是。他的作用基於這樣一個事實，
即他表達某種絕對超越他之上的事物。他的
眞正的位置就是傾聽者的位置。他是這樣一
個人，被分析者透過他向他人講述自身，以
使分析者認識他的眞實的訊息，同時從它所
隱藏的地方，即話語的暗示處被譯解（tran-
slated）出來。分析者作爲翻譯家的能力
（power）是由潛意識中的語言結構賦予他
的。正是由於精神分析學家參與世界和文
化，他才具有了翻譯者的角色。……治療的
力量就是言語秩序的力量。」（*Lemaire,*
1977, p.217）。

　　據皮阿隆的理解，拉岡派分析者擔任三
種角色：他者、聽衆、翻譯家。相對於被分
析者而言，分析者是眞理的第三個證人，是
良心的保證者，當我們試圖與絕對正確的東
西保持一致時，當我們向某人講述我們自己
時，我們總是乞求這一保證者的幫助。在分
析者的這三種角色之上，拉岡又給他增加了
另外一種角色：緘默者或橋牌遊戲中的「明
家」（dummy）。拉岡認爲，被分析者即病
人總把分析者設想爲一個知情的主體，似乎
這個主體能爲他解出他的精神之謎和欲望之
謎。而實際上，分析者也是一無所知，他唯
一可憑藉的材料就是病人的言語，分析者只
能是一個靜靜的聽衆。因此分析者應設法打
破病人和分析者之間這種想像的一對一的關
係，在這對關係中引進第三個成分即語言的
成分。爲此，分析者應做一面中性的鏡子，
保持冷漠的中性態度：扳著面孔，嘴唇緊
閉，不時嚴肅地瞥病人一眼，或者透過鏡片
空洞地盯著某處。這種態度使得病人與分析

者之間似乎隔著一層難以逾越的屏障，拉岡
所追求的正是這種效果。他說：「我保持沉
默，人人都知道。我這樣做首先讓說話的人
感到大受挫折，其次也讓我自己感到大受挫
折。爲什麼要這樣做呢？因爲他有求於我。
實際上，他要求我去回答他。但是他也很清
楚，我能給他的只是一套空話而已。而這些
空話他可以從他所喜歡的任何一個人那裡聽
到。即使我說一套好話，我也不敢肯定他會
感激我，何況我也會說一些難聽的話了。他
的要求是不及物的，其要求不帶任何對象。
他當前的要求與他的治療，與他把自己的情
況揭示出來以及與把他帶入精神分析沒有任
何聯繫。」（*Lacan,* 1977, pp.254-256）。拉
岡派的分析者以沉默作武器，擺出一幅冷然
的、毫無表情的面孔，不發一言，藉以增強
自信心。相反地，這種態度卻激起了病人的
衝動和緊張，他試圖推動這堵沉默的牆壁，
試圖以滔滔不絕的話語對分析者的冷漠與惰
性提出挑戰。分析者越沉默，病人則越發激

動，最終，他失去對自己的言語的控制力量，
在言語中將自己逐漸暴露出來。這便是分析
者保持沉默的目的，病人的言語最易洩露他
最內在的存在——潛意識的欲望。

　　在拉岡派的分析治療過程中，分析者以
沉默的方式，拒絕對病人的需求作出反應。
這種需求挫折會激起主體（病人）從他需求
的一個能指退至另一個能指，藉由這種倒退
（regression），達到主體的原始欲望的第
一個潛意識能指。拉岡說：「透過需求這一
媒介，主體的整個過去的生活重新浮現出
來，甚至包括久遠的嬰兒期生活。……而正
是在需求這種方式上發生了分析性的倒退。
……所謂倒退，就是指重新回到當前表達主
體的各種需求的能指上面。」拉岡接著說，
「沒有必要再進一步探討主體與分析者認同
的根源。這種認同永遠都是對能指的認
同。」（轉引自 *Lemaire,* 1977, p.218）。這
一本文說明，儘管病人試圖在想像的層面上
認同分析者，但分析者卻竭力抗拒這種認同

傾向，正如麥考比的解釋：分析者拒絕與病人建立任何正常的接觸，拒絕對病人的需求作出反應，就是爲了避免陷入病人的想像的精神秩序（病人在想像的秩序中，自我與他人不分），如此一來可以使病人把分析者看作一個大寫的他者（Other），並以他者爲中心，把自己所經歷的原始壓抑的時刻，重新組織起來。主體的換喻性的欲望正是透過需求這一中介得以表達，而且開始固著於將它折射出來的連續的能指之上，因而在這無終的辯證的起始點上，就可以尋求到欲望的眞實性（*Lemaire,* 1977, p.218）。

　　拉岡一方面強調分析者應做一個靜默的聽衆，同時也強調他應做一個聰明的聽衆，能夠聽出病人話語背後的潛意識本文，並對之加以恰當的解釋。這兩種表面上看似相悖的主張，在拉岡的理論中卻有著實質性的聯繫。

　　在拉岡看來，分析者之所以要做一個靜默者，是爲了抗拒病人想像的認同，爲了阻

撓病人的需求滿足。這種沉默正是爲了後來
的解釋，因此分析者既是聽者，又是解釋者。
解釋是分析治療的最重要步驟，可以說解釋
本身就是治療。那麼，拉岡的解釋觀是什麼
呢？拉岡派的分析者又是如何對病人的零亂
的、無邏輯的話語進行重構並進而作出解釋
的呢？

　　拉岡從來不相信會有完全的解釋，他認
爲解釋就像夢一樣，總有部分意義會流失，
而且解釋只能透過含糊其辭來進行，因而眞
理也只能是相對的部分的眞理，而沒有絕對
的完全的眞理。拉岡的這種解釋觀與克萊因
（M. Klein）派（克萊因派又稱對象關係學
派，是以克萊因爲代表的英國精神分析學
派）的解釋觀完全背道而馳，克萊因派的分
析者認爲存在著完全的解釋，而且他們也能
給予病人完整的、無矛盾的解釋。也就是說，
在每一個會談中，他們只給出簡短的解釋，
而當結束時，所有這些「拼貼畫的小部分會
合成爲統一、連貫的圖畫。」（*Sarup,* 1992,

p.77）。在「潛意識具有類似語言的結構」
這一命題之下，拉岡發展了他的解釋觀。拉
岡非常重視言語中解釋的作用，他強調言語
的構成性能力和它的結構性特徵。同時，他
對講話和聆聽作了有趣的說明。因爲講話者
總會聯繫著一個聽者，所以病人和分析者之
間是一種對話關係，或曰主體間性的關係。
作爲聽者的分析者，不僅要傾聽病人講些什
麼，更重要的是傾聽講話人的意圖，即判斷
講者想說什麼。因此，眞實性不來自於講話
者，而是來自於聽者，是解釋創造了眞實性。
可見，拉岡強調聽者的責任，強調「聽者的
判斷力」。

　　解釋是在自由聯想的基礎上進行的。被
分析者透過自由聯想，把原來被壓抑的內容
講述出來，但是他只是給出了一大堆無意義
的詞語，以及毫無內部邏輯的甚或虛構的事
件，分析者只需以一種抽象的方式聆聽這種
歷史的敍述，甚至可以忽視這些敍述的眞實
性。然後，他要做的就是對「病人的話語作

格律分析（fortunate scansion），把這一連串話語中的首要因素集中起來」（*Lemaire,* 1977, p.223），並加以解釋，賦予它語言的象徵意義，即尋找到「被打落的所指」。皮阿隆總結說：「藉由給無名的東西命名，解釋就在主體和控制他的存在的言詞（words）中建立了一種新型的關係。它打通了通往象徵界的道路。」（*Lemaire,* 1977, p.223）。簡言之，解釋和治療過程就是從非象徵化的想像到象徵化的想像的轉換，這種象徵化的想像被回復至它的象徵領域。

除此之外，拉岡對治療過程中發生的「移情」（transference）現象作出了不同於傳統的精神分析學的解釋。移情是指分析治療過程中，病人將其以往對他人的情感關係，以扭曲現實的形式轉移到分析者的身上，使本來單純的醫患關係，轉變為親子間或情人間的情感關係。移情是一種潛意識的表達，雖然在表面上病人以分析者為情感對象，但事實上分析者只是其原來情感對象的

替代者。傳統的精神分析認爲，移情產生於
神秘的情感，拉岡則持反對態度，他認爲移
情就是分析治療中的活動，這才是它眞正的
領域。

　　移情既是一個「事實」，又是一種「過
程」。作爲一個「事實」，移情就是指病人
把分析者認同爲一些影像，這些影像是主體
以前所迷戀的，並把他們認同爲自我。拉岡
更多地強調移情的過程特徵，認爲移情與主
體的進步、與治療自身的進展是一致的。
「移情作爲一個『過程』將標誌著主體的倒
退，即從他的自我形成的一個階段倒退到另
一個階段，從需求的一個能指退至另一個能
指，在主體的需求中，主體的欲望——能指陷
阱的俘虜被表達出來。」（*Lemaire*,　1977,
p.221）。拉岡把移情與需求的不及物特性聯
繫了起來。他認爲主體的需求潛在於他所說
的話語背後，主體的欲望就在這種需求中被
異化。主體的需求是以欲望的換喻形式表達
出來的。因此分析的目的就是透過對主體的

需求反應的阻撓而引起主體的倒退。這種倒
退是雙重的：它既是從一個能指退至另一個
能指的通道，也是主體的自戀性影像的喪
失。這個辯證的過程將永遠進行下去，直至
存在的匱乏——欲望的對象被揭示出來。如
欲激起病人的倒退，分析者必須做一個沉默
者，以其沉默挫敗任何對需求的反應。因此，
唯有分析的中性化才能保持移情的結構。用
拉岡的話說，分析活動是「沿著具有特殊吸
引力的道路，即眞理的道路」揭示了病人欲
望的眞實性 (_Lemaire,_ 1977, p.222) 。

三、治療時間的變革——彈
性時間

　　佛洛伊德的精神分析最初只是一種治療
技術，而後才發展爲一種普通的心理學理
論，因此可以說，精神分析理論產生於治療
實踐。但在後來的精神分析各派別中，情況

恰恰相反，各種心理治療方法都以各學派的
理論——尤其是人格理論爲基礎。拉岡的治
療手段和方法自然離不開其理論背景。他在
其理論基礎上，對佛洛伊德精神分析治療方
法加以發展和改進，這主要表現在對分析治
療時間的修正上。

　　佛洛伊德對治療時間曾有嚴格的規定，
一般每次會談不應超過一個半小時，後來改
變爲固定的50分鐘；每週連續3—5次（現已
普遍減少到每週一次）；一個療程約需2—5
年。拉岡根據自己的治療實踐，把每次會談
固定的治療時間改爲靈活的彈性時間，這種
違背常規的作法引起了衆人對他的抨擊，尤
其使他與自我心理學家處於對峙狀態。拉岡
認爲，會談時間應根據病人所說的話語相應
作出調整，可長可短。他說，分析者不可能
同時兼顧病人話語的內容和形式。他認爲，
在一個預先決定的固定的時間長度之後，像
宗教儀式般地結束一項會談，僅僅是「編年
體形式的停止」（*Sarup,* 1992, p.73）。因

此，他試圖針對每一次會談都找到一個與病人所講的東西相適應的恰當的停止點。他認為，50分鐘的會談時間是沒有理論根據的，而彈性會談時間不僅有用而且應該成為精神分析的有力工具之一。這兩種時間的劃分是兩種不同的時間概念。前者重視時間的精確度，它由鐘錶來決定一次會談的結束，時間是機械而固定的；在後者中，時間是相對的和可變的。

拉岡認為，彈性會談時間不僅可以消除病人的抵抗，而且可以刺激病人的自由聯想，使分析過程順利進行，最終達到潛意識的語言化。拉岡把兩種會談時間中發生的情況進行了比較。他說，在50分鐘的會談中，病人知道，無論他們說什麼，即使說一些連他們自己也毫不感興趣的事情，他們也是受到保護的，這樣病人往往把50分鐘時間作為一種抵抗，作為一種浪費分析者時間的藉口，以便讓分析者耐心地等著他們。「我們知道病人是如何計算時間，並使其故事與鐘錶時

間相一致的，知道他如何試圖獲得鐘錶的拯
救，我們知道他如何期盼著時間的結束……
他們兩眼盯著鐘錶就像盯著遠處隱約閃現的
避難所。」（*Lacan, 1977, pp.128-129*）。彈
性會談時間就可以消除病人的這種消極抵
抗。除此之外，彈性時間還可以預防病人的
倦怠情緒。拉岡說，許多病人從一開始就知
道分析者在什麼時候會結束會談。因此他常
常與分析者展開持久戰。但是，如果分析者
在會談的過程中突然停下來結束會談，這種
會談就不會成為一種空洞的儀式，反而利用
驚奇這一因素另闢蹊徑。拉岡的觀點是，如
果在一句話的中間或一個夢的聯想過程中，
或者在一個沉默的間隙，突然把病人打發
走，反而會激起病人將其正猶豫的東西清楚
地展現出來。

　　彈性會談時間的另一個重要作用就是誘
發病人的自由聯想。在分析會談中，自由聯
想如同一句話一樣，它的意義是由整個聯想
系列賦予的，但是聯想不可能在一次會談之

　　我們借用拉岡的講演題目作為本書總結的標題，乃源於兩種想法：就本書的內容與篇幅而言，該到總結的時候了。但是，如同拉岡的〈總結的時候〉的講演並不代表他全部講演的終結一樣，我們此時的總結也並不意謂著研究的結束，因為仍有許多問題留待探討，如拉岡的真理觀、文藝觀、倫理觀、拉岡對西方女權運動的影響等等。在意義的無限推延中，我們只好暫且停止，作一簡要結語。

一、回歸還是創新

　　在對拉岡的理論作了簡要介紹之後，似乎應該回到拉岡最初提出的「回歸佛洛伊德」的行動上來，這一行動究竟是回歸還是創新？說他回歸，理由很充足。因為拉岡的確重視佛洛伊德所強調的潛意識在人們生活

中的重要性，而且他回歸的目標，也是直指
佛洛伊德的潛意識論。他同樣以夢、症狀、
語誤和倒錯（他又增加了雙關語）等現象作
爲潛意識出現於意識的方式，他同樣承認凝
縮和移置是潛意識的主要活動機制，潛意識
的欲望是人的最深層次的欲望。他也重視對
自我和主體的探討，重視對人與人、人與社
會的關係的探索。他雖然反對「醫學化」的
美國自我心理學，卻未拋棄精神分析對精神
病和神經症的治療作用。就這些方面而言，
拉岡的確是回到了佛洛伊德那裡。但是，這
種回歸絕不是簡單的重複工作，而是蘊含著
驚人的創造，因爲他對佛洛伊德已提出的諸
如潛意識、自我、主體、治療觀等概念進行
了結構主義語言學的重新解讀。因此，拉岡
的結構主義精神分析學雖以佛洛伊德的理論
爲基礎，但其內容已發生了根本性的變化，
這種變化的原因主要來自關注的基點和方法
論的不同。

　首先，拉岡重視佛洛伊德的潛意識論，

並致力於挖掘佛洛伊德的語言觀及其人文科學研究方法。他把語言學和結構主義的方法引入精神分析領域，建立了一套迥異於傳統精神分析的結構主義精神分析理論體系，從而把精神分析的醫學分析模式轉變爲一種語言學的人文模式。他藉助索緒爾對語言和言語的區分，以及雅克愼對隱喩和換喩的作用的發現，同時把結構主義熱衷於追求深層結構和佛洛伊德對潛意識結構的興趣結合起來，得出全新的詮釋話語，認爲「潛意識具有類似語言的結構」、「潛意識是他者的話語」，潛意識不再是雜亂無章的，而受其自身的規律支配。潛意識的活動規律——凝縮與移置，可以等同於語言學或修辭學中的隱喩和換喩機制。由此，他又得出兩個命題：症狀即隱喩，欲望即換喩。人類主體在語言中並透過語言建構起來。同時，主體又被語言分裂爲兩部分：說話的主體和潛意識的主體。眞實性只能在潛意識的話語中揭示出來。

　　相應於潛意識的改造，拉岡把精神分析
治療界定為一種話語療法，認為精神分析不
是針對於治療的一門準醫學的技術，而應是
一門科學性的學科和一種個體研究及自我發
現的過程。所有這一切，都表現出拉岡的結
構主義語言學觀點和他強調精神分析文化地
位的傾向。他在方法論上的革新促進了精神
分析理論的創新，也使精神分析進入了新的
歷史階段。麥考比對此給予了高度評價：
「拉岡的研究標誌著精神分析歷史中一個關
鍵的時刻，這一時刻的重大意義可與佛洛伊
德最初發現潛意識的那一刻相比。」 （*Mac-
Cabe*, 1986, p.xi） 。

　　其次，佛洛伊德的精神分析以達爾文的
進化論為基礎，它根植於生物學和物理學等
自然科學。而拉岡的研究卻帶有強烈的反生
物學傾向，他更重視文化的而非「自然的」
驅力，更重視人類學和社會學的影響。他的
鏡像階段論的提出以及由鏡像階段發展為伊
底帕斯情結期，本身就是對佛洛伊德力必多

理論的否定。而他的主體三層結構理論更是
對佛洛伊德主體或人格理論的顚覆。在佛洛
伊德那裡，個體發展過程是力必多能量轉移
的過程，當力必多由自戀力必多轉向對象力
必多時，個體才能區別主體與對象，逐步確
立起主體性。佛洛伊德把人格結構分爲伊
底、自我和超我三部分，而人格結構的深層
動力或能量就是力必多能量。拉岡首先以鏡
像階段論對此作了修正，他認爲，嬰兒入世
時本是一個「非主體」的存在物，無物無
我，混沌一片。而從第6個月到第18個月，嬰
兒經歷了生活史上的鏡像階段，從鏡中認出
了自己。這個自我辨認的過程，是由自我向
主體過渡的過程，也是主體對外界的認識過
程。伊底帕斯情結（3—6歲）對於主體確立
具有決定性意義，此時的兒童開始服從父親
的法規，即開始接受社會、文化規範的約束。

　　拉岡從潛意識引伸出主體三層結構，認
爲主體由想像界、象徵界和實在界三個秩序
構成。在想像界中，個體的知覺和想像的形

象都被記錄下來，形成關於自身和外界的圖象。但在此層次上出現的自我意識，只是一種虛幻或誤認。象徵界是語言符號的秩序，個體依靠這一秩序接觸文化環境，並成長為「主體」。實在界是由各種象徵的和符號的東西聯結而成的一種替代物，實際上是一個未知的虛幻的事物。拉岡的主體三層結構說包含了人的個體從自然的、生物的存在物向社會的、文化的存在物過渡的思想，強調了主體的社會性質。主體發展的動力是認知和愛的需求而非生物學的力必多能量。這裡表現出拉岡強烈的反生物學傾向。

第三，拉岡對佛洛伊德的發展和創新，不僅體現在潛意識和主體理論上，而且反映在他對精神分析治療的見解中。在佛洛伊德看來，只要能啟發精神病患者將被壓抑的東西講出來，病就可痊癒。而拉岡強調分析者與被分析者之間的話語交流。他認為，精神病患者的言語是獨特的，「精神分析醫生經常感到所指的缺乏，是同整組所指的失落打

交道」（波波娃，1988，p.138）；也就是說，
這些患者的言語經常是內容、意義（所指）
脫離形式（能指）：他不停地說話，卻不指
示任何東西。因此，分析醫生的任務就是找
出患者言語中的凝結與空白之處，並根據隱
喻或換喻的規則，將其整理還原爲連貫的敍
述，使潛意識語言顯露出來，最終找出被壓
抑的潛意識欲望。這些觀點也是對結構主義
理論的進一步發展。此外，在拉岡的分析治
療模式中，分析者與被分析者之間的關係是
聽者與說者關係，是一種話語交流。這種交
流以語言關係中的主體間性爲基礎，人作爲
「說話的主體」，透過言語達到彼此承認，
建立起交換承認的主體間性關係。在分析
中，藉由被分析者的話語，分析者作爲「他
者」與被分析者主體，彼此交流，而且藉由
這種話語交換承認彼此的主體性。因此拉岡
說，被分析者以逆轉的形式從分析者那裡獲
得他自己發出的訊息。分析者對被分析者的
分析，同時也是被分析者分析「我」（分析

者）的過程。

　　從上述各個方面看，拉岡對佛洛伊德的
回歸，絕不是一種簡單的補充，也不是在佛
洛伊德的原始本文上附加一種新的成分，而
是對佛洛伊德的肯定，對其理論思想的發
展。因而，拉岡的「回歸」更應是一種創新，
拉岡對精神分析的特殊貢獻，便是他創建的
結構主義精神分析理論體系，他在一種新的
方向（或如他自己所說，沿著佛洛伊德一開
始就指明的方向）——結構和語言的方向上
推動了精神分析的發展。正如美國最早翻
譯、介紹拉岡的學者威爾頓（A. Wilden）
所說：「經過拉岡之後，沒有人能再以相同
的眼光來讀佛洛伊德——可是，也要指出的
是，經過佛洛伊德之後，同樣沒有人再以相
同的眼光來讀拉岡。」（*Lacan,* 1968,〈譯
者引言〉p.14）。

二、文學家還是哲學家

　　拉岡的精神分析學中放射出強烈的文學
色彩，積澱有濃厚的哲學底蘊，後期則又融
入了拓撲學的結構與術語。因此，很難以二
元對立的關係來界定拉岡。正如薩若普所
說：「拉岡集情緒和理性於一身，既是詩
人，又是數學家，既是超現實主義者又是結
構主義者。」（*Sarup*, 1992, p.13）。可以
說，拉岡是一位「多元化」的人物，他在文
學藝術領域和哲學領域都產生過重要而深遠
的影響。在文化理論上，拉岡以其現代性和
後現代性相融合的話語，對西方的文學、文
學批評、藝術、電影等領域造成強烈的衝擊
和震盪；在哲學上，他的結構主義精神分析
學架起了一座通向後結構主義的橋樑，甚至
在西方後現代主義這一最新思潮中也留下了

拉岡話語的痕跡。同時，拉岡把佛洛伊德的
精神分析學中蘊含的詮釋學思想清楚地展現
了出來。拉岡的思想已滲入當代人文學科的
諸多方面，當代許多思想家都深受他的影響
和啟發。

　　拉岡與文學藝術界接觸的時間較長。在
二、三十年代，他就與超現實主義者有過密
切的聯繫，並在超現實主義者創辦的刊物上
發表文章。他從超現實主義者那裡繼承而來
的是對佛洛伊德潛意識論的關注，對女性題
材的興趣，以及幽默、雙關等標新立異的語
言風格。直至1953年「羅馬講演」之前，拉岡
的語言中還帶有深深的馬拉美（Mallar-
me）式的風格。從30年代開始，拉岡加入了
法國前衛派知識分子的行列，並以其分析作
品的結構，進行創造性閱讀等主張，影響了
太凱爾文學社團的一批中堅分子，如小說家
和批評家索萊爾及其妻子、著名的符號學家
克莉斯多娃，還有後來的巴爾特等人。

　　拉岡的文學觀系統地反映在他對《被盜

的信》（*The Purloined Letter*）所作的結構分析。《被盜的信》是美國著名詩人愛倫坡（E. Allen Poe）的一篇短篇小說。講的是一個雙重盜竊的故事：一天王后收到一封控告信，正要打開時，忽見國王走了進來，連忙若無其事地把信擱到桌上。伴隨國王進來的大臣D一眼便看清了當時的情景，於是在王后的眼底下公然將信偷走，並在原處留下另一封信。王后命令警察局長爲她找回被盜的信。這位局長有條不紊地搜查了大臣的寓所，仍一無所獲，只好求助於業餘偵探杜賓（Dupin）。杜賓推算這位大臣可能會和王后一樣把信放在某個顯眼的地方，認爲這是最好的藏匿辦法。果然，他發現這封信相當顯眼地插在壁爐台上一個紙板文件夾裡。他偷走此信，也在原處放了另一封信。（王寧，1989，p.328）。

在拉岡看來，這篇小說以一個不斷重複的場景爲中心，這個場景與那些具體事件的關係並不緊密，但恰好構成這些事件的戲劇

性意義的結構。因此，這個故事只是對一個
形成固定結構的幻想的象徵性重複，即強迫
重複觀念的語言表述。這篇小說的結構圍繞
著兩個場景構成：「原初場景」 (primal
scene) 和「重複場景」 (repetitive
scene)。這兩個場景的地點不同，人物各
異，但每一場景中三個人物的模式卻是重複
的。原初場景發生在王后的臥室，出場人物
有國王、王后和大臣；重複場景發生在大臣
的寓所，出場人物是警察局長、大臣和杜賓。
拉岡感興趣的正是這一事件的重複結構：大
臣／杜賓拿走王后／大臣「藏」在顯眼處的
信，而國王／警察局長則一無所知。在每一
個場景中都有三雙眼睛的三次瞥視構成事件
的結構：第一雙眼睛視而不見（國王與警察
局長）；第二雙眼睛注意到第一雙眼睛什麼
也沒看見，於是自欺欺人地試圖保守秘密
（王后與大臣）；第三雙眼睛的瞥視看出前
兩個主體把本該藏起來的東西暴露在誰都能
找到的地方（大臣與杜賓）。因此，按照拉

　　結構主義的文學批評者正處於象徵界的知情者的地位，他能發現文學本文中的複雜結構，對之作出眞正的理解。賴特（E. Wright）評價說：「拉岡這種違反常規地拆解愛倫坡的小說的做法，揭示出本文中一層新的意義，亦即一種在閱讀過程中完全顯露卻又隱匿著的東西，讀者／作者成了把頭埋到書裡的駝鳥。」（王寧，1989，p.331）。繼承並發展了拉岡的這種解構解讀方法的有巴爾特、德希達和約翰遜（B. Johnson）等人。

　　拉岡和巴爾特同爲結構主義的重要代表，巴爾特也曾是拉岡研究班的忠實聽衆，因此，拉岡所提倡的文學評論觀引起了巴爾特的響應自然不足爲奇。拉岡反對傳統精神分析學只分析文學作品（本文）的作者心理，而主張分析文學作品的結構。它的這一觀點成爲巴爾特所倡導的「解構批評模式」的前奏。巴爾特創建的「解構批評模式」是以一個解構主義者和精神分析批評家的眼光重讀作家的文學本文。巴爾特的評論激情集

中宣洩在法國經典作家拉辛和巴爾札克身
上。巴爾特以上述方式重讀拉辛,一方面衝
擊了學院派文學批評的基礎,另一方面也使
他陷入了文學上和學術上的全面爭論之中。
巴爾特還曾專門舉辦研討班討論巴爾札克的
小說《薩哈西那》,兩年之後寫成著名的批
評著作《S/Z》。這一解構性本文重構了巴
爾札克的《薩哈西那》的社會結構和文化結
構。《S/Z》本身就是創造性的寫作,它比
所討論的原始本文的篇幅還要多出七倍。除
了「解構批評模式」這一文學批評觀之外,
巴爾特在拉岡所謂的無終極眞理觀的影響
下,相信本文的意義被無限分延,從而步入
解構主義者的行列。認爲本文是對能指的放
縱,沒有滙聚點,沒有終極,所指被一再後
移。同時,他與拉岡一樣,賦予語言以重要
意義,而貶低了作者的功能。巴爾特在反對
「作者中心論」的過程中,以放縱個性的自
由寫作方式與自由閱讀方式而陷入一種極端
的個人主義。此外,巴爾特還試圖效仿拉岡

解放被分析者，使他們得到快樂的行動，他要解放讀者。巴爾特要求讀者用他（她）的情感和理智對他作為作者而創作的本文進行自由聯想。

拉岡對文學藝術領域的影響主要建基於他對文化理論——電影、電視、文學、藝術各方面理論研究——所作的貢獻之上。而拉岡的精神分析學概念，在美國也主要透過電視等新聞媒體傳播開來。1987年美國理論刊物《十月》出版了一個拉岡專輯，為進一步理解和評價拉岡提供了更多的英文材料。有趣的是，拉岡的精神分析理論居然成了小說家創作的素材，進入了小說家想像的語言。阿根廷小說家普伊赫（M. Puig）在他的小說 *Pubis Angelical* 中嘗試用一套通俗、淺顯的語言，解釋拉岡的極其艱深的本文，並嘗試以精神分析為武器，對（阿根廷70年代）具體的政治、文化和兩性關係的現實，進行深入的挖掘、探索和質疑。1975年5月，梅斯（C. Metz）在法國刊物《交流》（*Communica-*

tions）上發表了他的一篇重要的文章：
〈想像的能指〉（ "The Imaginary
Signifier" ），這是拉岡的精神分析學在電
影理論領域內的一次重要應用。英國刊物
《銀屏》（*Screen*）也於同年的夏季號，刊
出了這篇論述的英譯。同時配合麥考比特別
撰寫的一篇講評文章。拉岡的理論經由書
報、廣播、電視等大衆傳播媒介深入社會文
化的各個角落。

　　在哲學界，拉岡始終是一顆光彩奪目的
智慧之星。在法國思想界潮起潮落的30多年
中，拉岡始終是屹立於潮頭浪尖的風雲人
物。他不僅與李維斯陀、巴爾特、傅柯等人
並列爲「結構主義冒險四巨頭」，而且他的
精神分析學思想對阿杜塞的結構馬克思主
義、對德希達等人的解構主義及新詮釋學和
後現代主義思潮都產生了重要乃至深遠的影
響。正由於如此，我們要想把拉岡歸屬於某
一個哲學流派的代表人物，反倒成爲十分困
難的事情。當然，這也似乎是沒有必要的。

　　阿杜塞的「回歸馬克思」的整個設計直接以拉岡的「回歸佛洛伊德」爲藍本，「正如拉岡企圖把佛洛伊德從其門徒的錯誤解釋中拯救出來一樣，阿杜塞旨在把馬克思主義的基本原理從其庸俗化和曲解中解脫出來。阿杜塞在《閱讀〈資本論〉》的頭一篇中，承認自己受惠於拉岡。」（徐崇溫，1986，p. 84）。阿杜塞還借用了拉岡的許多概念，如鏡像階段、想像界、換喻的因果性、隱喻等等。他把拉岡的鏡像階段、想像界概念作爲用來改變人的意識的革命手段。他因襲拉岡的說法，認爲意識型態描述的是人們對於眞實的生存條件的一種想像關係。在拉岡那裡，鏡像階段處於前語言、前伊底帕斯情結期，嬰兒把自己想像爲自主、自足的統一整體。而誕生於鏡像階段的想像界是主體結構的要素之一，是主體由自然的生物實體向社會的文化實體的過渡階段。阿杜塞據此認爲，想像發生於意識型態中，意識型態提供了個人據以和社會整體焊接在一起的裝置。從阿杜塞

係，主體與其潛意識的關係，只能處於不穩定的斷裂狀態中，絕對意義是永遠難以實現的目標（這是後結構主義消解一切終極意義的體現），主體在拉岡那裡僅是一種「本文」，一種「能指」。在治療過程中，患者「作爲主體而消失，並成爲能指。」（王治河，1993，p.68）。能指漂浮不定，只有尋找到潛意識的所指，它才被扣住，成爲一個有意義的符號。拉岡把能指看作意識言語，所指則是潛意識言語，同時他又認爲人是潛意識的主體，從而消解了言語的中心性和主體在意識言語中的中心地位，這是他的解構主義思想的極端表現。拉岡、德希達等思想家對於主體、意義這些穩定條件的哲學顛覆，對於「五月學潮」之後心情沮喪的法國青年知識分子，無疑是一帖精神快慰劑。

70年代中期以後，後現代主義成爲哲學家們的時髦話題。拉岡也以其反正統性、不確定性、破碎性和多元性等理論思維方式成爲後現代主義的中堅。除了後現代主義的第

一代人物巴爾特、傅柯、德希達等人深受拉
岡的影響之外，後現代主義的第二代人物詹
明信 (F. Jameson) 、德勒茲、居塔里 (F.
Gualttari) 、李歐塔 (J. F. Lyotard) 等人
的思想中，也隱約可見拉岡的影子。德勒茲
和居塔里沿著拉岡把人看作「潛意識的主
體」的思路，進一步將潛意識說成是非想像
的、非象徵的、非結構的和非表現的東西。
潛意識是無人稱的，在對人的關係上是獨立
的。傳統的「主體」已不存在，唯一的主體
就是「無器官的軀體」的欲望本身。人失去
了一切人性，僅僅成爲一架運轉的「欲望
機」，人的統一性、人的中心性已經蕩然無
存了（王治河，1993，p.69）。詹姆遜則認爲，
一個精神分裂者就是一個無法處理能指和所
指之間的關係（即無法成功地面對象徵秩
序）的人，而後現代主義的主體是一個欠缺
認知能力的主體。相對於拉岡所謂的「假設
的知情主體」（患者往往假定分析者能對一
切病情提供解釋），詹姆森則假設了一個

「不知情」的主體。上述觀點顯然脫胎於拉岡思想。

佛洛伊德的精神分析學方法，歷來被認為是含蓄的詮釋學方法。阿根廷精神分析學家埃切根（R. H. Etchegoyen）指出：「佛洛伊德工作的許多方面必須置於詮釋學的領域……精神分析不處理能夠詮釋的事實，而處理能夠透過理解而達到的意義。」（*Etchegoyen,* 1993, p.1111）。實際上，在60年代幾乎與結構主義同時登上思想和歷史舞台的詮釋學，的確從佛洛伊德的精神分析學中吸取了有益的成分。法國詮釋學派的創始人里柯與拉岡、拉普朗奇（J. Laplanche）被譽為「精神分析的詮釋學家」（Buxton, 1985, p.240）。但里柯的精神分析觀卻主要來源於拉岡對佛洛伊德的重新解讀。拉岡非常感興趣於精神分析是一門詮釋性學科，可以說他的「回歸佛洛伊德」所創立的結構主義精神分析學，為詮釋學的「解釋中蘊含著創造」的觀點提供了證據。拉岡非常重視欲

望問題的研究，並用結構主義語言學的術語
來解釋欲望，認為欲望是一種換喻，真正的
潛意識欲望是透過一個能指對另一個能指的
替代，以換喻的形式進入意識的話語。里柯
同樣強調「欲望的語義學」（同上，p.
240），重視佛洛伊德的著作中哲學的解釋意
義和以因果關係、還原論及能量術語對現象
進行說明之間的聯繫。拉岡區分了人的生物
性需要、社會性需求以及本能的欲望之間的
關係，認為需求來源於需要，是需要在語言
中的異化，而欲望誕生於需要與需求之間的
斷裂之處。欲望總是指向一個潛意識中最原
始的匱乏。里柯則注意到了佛洛伊德的類似
闡述，即文化要求放棄本能，而一旦本能被
拒絕或否定，它的驅力就提供了一種原動
力，試圖尋找各種不同的替代物來表達自
己，如夢、症狀和符號等等，所有這些替代
物都部分地表達了欲望。里柯進而指出，只
有對這些呈現於言語、行為或人類的產品中
的本能顯現加以解釋之後，佛洛伊德才能對

心理的動力模型提供一種能量化的說明,他強調哲學詮釋學是科學說明的基礎。由此可見,里柯的精神分析觀與拉岡的觀點是有密切聯繫的。

拉岡對詮釋學的重視還體現在他的分析治療觀中,他強調解釋的重要性,認為分析者的「解釋創造了真理」。拉岡的解釋觀是哲學詮釋學的重要內容。

三、貢獻還是局限

拉岡在文化和思想領域的諸多影響,固然是其理論的主要貢獻,而且是巨大的貢獻,但是,我們知道,任何理論都不可能是十全十美的。這正應了費利保(M. Philibert)的一句話:「哲學家越偉大,他歪曲的就越多;他 歪 曲 的 越 多,他 也 就 越 偉 大」 (*Philibert,* 1979, p.9)。拉岡的結構主義精

神分析學是適應時代的產物，當這一時代成
爲歷史時，這一理論的弊端自然會暴露出
來。此外，拉岡雖然是結構主義的主要代表，
但他的思想中所融入的存在主義和現象學的
影響，所蘊含的解構主義和後現代主義的成
份，使其理論變得十分複雜而又不乏矛盾之
處。

　　首先，在哲學方法論上，拉岡的精神分
析學帶有唯心先驗論的成分。把潛意識和語
言統一起來，是拉岡解讀佛洛伊德的第一
步，也是他消除佛洛伊德主義的生物學化和
泛性論傾向的努力嘗試。但是，拉岡從結構
主義語言學角度所探討的是潛意識本身，而
不是它在文化上的表現，所以，他的潛意識
論較之於佛洛伊德的理論就更加晦澀、艱
深。此外，拉岡的潛意識論不僅沒有動搖佛
洛伊德關於潛意識在人和社會的認識中起決
定作用的公設，相反地，卻誇大了潛意識、
無人稱語言結構（患者的話語或潛意識的語
言）的意義，使其學說成爲結構主義的哲學

世界觀體系同康德先驗論聯結的橋樑。格列
茨基評論說：「當知識的潛意識結構這種局
部的和相對的因素變成某種絕對第一性的東
西，某種既決定經驗、也決定理論和實踐，
而不經受自我決定的東西的時候，就會轉向
哲學推理層面，並站在同一個康德先驗論的
立場，不過是稍加更新而已。」（波波娃，
1988，p.139）。

　　在對哲學的基本問題的回答上，拉岡也
表現出了唯心主義的傾向。比如他認為，精
神分析的解釋表明，實在對思維的優越性可
以用能指對所指的本源性來表示。而我們知
道，語言中的能指和所指，本身就是第二性
的東西。

　　其次，拉岡以結構主義語言學作為他解
讀佛洛伊德的主要工具，強調語言的中心地
位。他不僅把潛意識看作類似語言的結構，
而且認為主體是語言的一種功能，主體的欲
望也是語境性的，處於能指網絡之中。在他
的主體理論中，社會文化結構與象徵結構是

先於主體而存在的，當自我進入其中之後，將「按該秩序的結構成型」。主體變成了一種語言功能，主體已接近了「死亡」的邊緣。這是拉岡的反人道主義思想的具體表現。此外，拉岡藉由消解主體的主觀能動性，而把主體從笛卡爾所賦予的樞紐地位上驅逐了出去。他認為，作為自主的和自我確定的主體的存在，乃是屬於想像的秩序，主體的自主性只是在想像中產生的一種幻想，因為主體存在於他者處，存在於潛意識的另一個場景。藉著把人融化到客觀化的和無個性的潛意識的結構中，並認為這些結構決定著人的行為——人是潛意識的主體，拉岡就消解了人的主觀能動性，使主體處於消極被動地位，是某種外在力量作用的結果。

第三，拉岡儘管強調主體間性，重視早期的親子關係，儘管他也重視主體的社會性質，但因為他主張從內部，從潛意識入手來研究主體性，因而，他所謂的社會環境是狹隘、片面的，從根本上說，他忽視了社會環

境在主體形成中的重要作用。結構分析把語言看作一個封閉的自主體系，與此相應，拉岡認為主體的結構也是具有自主性、封閉的系統，是想像界、象徵界和實在界的互動統一。主體的形成歷經鏡像階段和伊底帕斯情結期，從幻想的主體發展至「真實的主體」，而鏡像和伊底帕斯情結的重要性就在於它們的「結構化功能」。

在談論主體及主體的潛意識問題時，拉岡引入「他者」，使一切問題落入主體間性這一基礎之上，從而避免了西方傳統哲學的主、客體之爭。但是，他所謂的主體間性，主要是兒童主體與父母主體，被分析者與分析者之間的關係。主體發展受個體內在規律支配，主體與他人、社會和文化秩序的接觸，是透過想像界和象徵界實現的。在拉岡那裡，象徵界就是一種潛意識語言結構，主體在這裡被語言結構模塑成型，因而主體是潛意識的主體，主體的存立取決於象徵界功能的正常發揮，與社會環境沒有多大關係。主

體在失去主動性和自主性的同時，也失去了
意識過程中的主體地位。由此可見，在拉岡
的結構主義思想中已滋生出解構的意識。

第四，拉岡在解讀佛洛伊德的過程中，
在語言學方向上推動了精神分析的發展。但
是，在與美國自我心理學的對峙中，拉岡片
面地把法國精神分析引向了一條脫離臨床經
驗、更抽象、更形而上學推理的道路。他由
徹底反實證主義、行爲主義傳統而陷入思辨
哲學的樊籬。儘管在晚年，他竭力改用數學、
拓撲學等術語來描述他的精神分析學，但結
構主義語言學和思辯哲學對他的影響鬱積已
久，已很難根除。

第五，拉岡的寫作風格也是備受指責的
一個方面。他善於玩文字遊戲，喜歡使用雙
關語、比喻、含混性和詩的隱喻等。他向來
認爲翻譯就是誤解，誤解是理解的一個部
分，此外，他認爲他的思想不可能與他的本
民族的、與文化相聯繫的語言分割開來，因
而拉岡總設法抗拒他人對其本文的解讀和翻

譯。威爾頓對此批評說：「拉岡的煉金術主義無論怎樣是不可原諒的，……拉岡本人對法語句法的破壞使他的作品甚至對於法國讀者也是極為艱深的。」（*Wilden,* 1980, p.1，轉引自杜任之，1983，p.414）在這一點上拉岡與佛洛伊德恰恰相反。佛洛伊德的行文生動流暢，敍述引人入勝，而拉岡的字句卻常常遏止讀者前進的步伐。

　　儘管在思想、文化界對拉岡的結構主義精神分析學褒貶不一，但拉岡對精神分析學、對思想文化界的貢獻是不可抹殺的。他不僅把佛洛伊德引入法國，而且使精神分析學的兩條線索之一的文學哲學線索清晰可見，並為精神分析學增添了新的時代內容。由他創造的新的精神分析話語，已成為哲學界、藝術界、文學及文學評論界、甚至人類學和倫理學領域的流行話語。不論何時，拉岡都不愧為一代思想大師的美譽。

參考書目

英文部分

1.Boothby, R. (1991), *Death and Desire: Psychoanalytic Theory in Lacan's Return to Freud*. New York: Routledge, Chapman And Hall, INC.

2.Buxton, C. E. ed. (1985), *Points of View in the Modern History of Psychology*. Academic Press, INC.

3.Clement, C. (1983), *The Lives and Legends of Jacques Lacan*. New York: Columbia University Press.

4.Ellie, Ragland-Sullivan(1986), *Jacques Lacan and the Philosophy of Psychoanalysis*. Urbana: University Of Illinois

Press.

5.Etchegoyen, R. H. (1993), Psychoanalysis Today and Tomorrow. *International Joural of Psycho-Analysis* 74.

6.Freud, S. (1986), *On the History of the Psychoanalytic Movement.* The Pelican Freud Library 15. London: Penguin Books.

7.Gallop, J. (1986), *Reading Lacan.* Ithaca: Cornell University Press.

8.Jardine, A. (1985), *Gynesis: Configurations of Woman and Modernity.* Cornell University Press.

9.Lacan J. (1988), *The Seminar of Jacques Lacan II.* (J. A. Miller ed.) Cambridge University Press.

10.—— (1968), *The Language of the Self* (A. Wilden Trans.) New York: Delta.

11.—— (1979), *The Four Fundamental Concepts of Psychoanalysis.* London:

Penguin.

12.—— (1977), *Ecrits: A Selection* (A. Sheridan, Trans.). New York: Norton.

13.—— (1988), *The Seminar of Jacques Lacan I.* (J. A. Miller ed.) Cambridge University Press.

14.Leavy, S. A. (1977), "The Significance of Jacques Lacan." in *Psychoanalytic Quarterly,* 46.

15.Lee, J. S. (1991), *Jacques Lacan.* University of Massachusetts Press.

16.Lemaire A. (1977), *Jacques Lacan.* (D. Macey Trans.) London: Routledge & Kegan Paul Ltd.

17.MacCabe, C. ed. (1986), *The Talking Cure: Essays in Psychoanalysis and Language.* Macmillan Press Ltd.

18.Metz, C. (1982), "The Imaginary Signifier." in *Psychoanalysis And Cinema,* Macmillan, 1982.

19.Morris, H. (1988), "Reflections on Lacan: His Origins in Descartes and Freud," in *Psychoanalytic Quarterly,* LVII.

20.Nordquist, J. (1987), *Jacques Lacan: A Bibliography.* Santa Cruz: Reference And Research Services.

21.Sarup, M. (1992), *Jacques Lacan.* New York: Harvester Wheastsheaf.

22.Schneiderman S. (1980), "Returning to Freud: Clinical Psychoanalysis." in *The School Of Lacan,* (S. Schneiderman, Trans. And ed.), New Haven, Conn: Yale University Press.

23.—— (1983), *Jacques Lacan: The Death of an Intellectual Hero.* Cambridge MA/London: Harvard University Press.

24.Stephen, H. (1975), "Presentation of the Imaginary Signifier." in *Screen,* vol. 16, 2.

25.Sturrock, M. (1979), *Structuralism and Since*. Oxford University Press.

26.Wilden, A. (1980), *System and Structure*.

27.Wyschogrod, E. et al ed., (1989), *Lacan and Theological Discourse*. State University of New York Press.

二、中文部分

1. 王寧主編 (1989)，《精神分析》，四川文藝出版社。

2. 王岳川著 (1992)，《後現代主義文化研究》，北京大學出版社。

3. 王治河著 (1993)，《撲朔迷離的遊戲：後現代哲學思潮研究》，社會科學文獻出版社。

4. 車文博主編 (1992)，《佛洛伊德主義論評》，吉林教育出版社。

5. 車銘洲、王元明著 (1988)，《現代西方的時代精神》，中國青年出版社。

6. 車銘洲編著 (1988)，《現代西方哲學源流》，天津教育出版社。

7. 馮川著 (1996)，《神話人格榮格》，長江文藝出版社。

8. 全增嘏著 (1985)，《西方哲學史》，人民教育出版社。

9. 劉北成編著 (1995)，《福柯思想肖像》，

北京師範大學出版社。

10.劉恩久（1984），《心理學簡史》，甘肅人民出版社。

11.劉道鏞著（1995），《西方社會與西方思潮》，東南大學出版社。

12.杜任之主編（1983），《現代西方著名哲學家述評（續）》，三聯書店。

13.杜聲峰著（1988），《拉康結構主義精神分析學》，遠流出版公司。

14.龐麗娟、李輝著（1993），《嬰兒心理學》，浙江教育出版社。

15.趙一凡著（1996），《歐美新學賞析》，中央編譯出版社。

16.徐崇溫著（1986），《結構主義與後結構主義》，遼寧人民出版社。

17.高覺敷主編（1995），《西方心理學史論》，安徽教育出版社。

18.〔比〕J. M. 布洛克曼著，李幼蒸譯（1986），《結構主義：莫斯科—布拉格—巴黎》，商務印書館。

19.〔蘇〕尼.格.波波娃著，李亞卿譯
   (1988)，《法國的後佛洛伊德主義》，東
   方出版社。

20.〔法〕C. 克萊芒等著，金初高譯
   (1985)，《馬克思主義對心理分析學說
   的批評》，商務印書館。

21.〔美〕E. 庫茲韋爾著，尹大貽譯
   (1988)，《結構主義時代：從萊維—斯
   特勞斯到福科》，上海譯文出版社。

22.〔美〕F. 詹明信 (1986)，《後現代主義
   與文化理論》，陝西師範大學出版社。

23.〔美〕T. 霍克斯著，瞿鐵鵬譯 (1987)，
   《結構主義和符號學》，上海譯文出版
   社。

24.〔奧〕S. 佛洛伊德著，林塵、張喚民譯
   (1986)，《佛洛伊德後期著作選》，上海
   譯文出版社。

25.〔奧〕S. 佛洛伊德著，高覺敷譯
   (1986)，《精神分析學引論》，商務印書
   館。

26. 〔奧〕S. 佛洛伊德著，賴其萬、符傳孝譯
    (1986)，《夢的解析》，作家出版社。
27. 〔瑞〕F. De. 索緒爾著，高名凱譯
    (1980)，《普通語言學教程》，商務印書
    館。

國家圖書館出版品預行編目資料

拉岡=Lacan / 王國芳,郭本禹 著.--初版--
--臺北市:生智. 1997[民 86]
面;公分 . –(當代大師系列:9)
ISBN 957-8637-47-0 (平裝)

1 拉岡(Lacan,Jacques,1901-1981)
--學術思想--哲學--
2 精神分析論

170.189   86007858

拉岡　　　　**當代大師系列 9**

著　　　者／王國芳、郭本禹
編輯委員／李英明 孟樊 王寧 龍協濤 楊大春
出 版 者／生智文化事業有限公司
發 行 者／林智堅
副總編輯／葉忠賢
責任編輯／賴筱彌
執行編輯／龍瑞如
登 記 證／局版北市業字第 677 號
地　　址／台北市文山區溪洲街 67 號地下樓
電　　話／(02)3660309　3660313
傳　　真／(02)3660310
印　　刷／柯樂印刷事業股份有限公司
法律顧問／北辰著作權事務所　蕭雄淋律師
初版一刷／1997 年 8 月
定　　價／新臺幣：200 元
ISBN／957-8637-47-0